Conseil éditorial : Pascale Senk
Maquette : Sébastienne Ocampo
Illustrations : Magalie Foutrier, http://magaliefoutrier.tumblr.com
Suivi éditorial : Joanne Mirailles

17, rue du Regard
75006 Paris – France
E-mail : info@editionsleduc.com
ISBN : 979-10-285-0264-5

GENE RICAUD-FRANÇOIS
PSYCHOLOGUE

TIENS-TOI DROIT(E) !

LEDUC.S
EDITIONS

À Mathilde et Olivier, mes parents

SOMMAIRE

PRÉFACE DE ANNE-SOPHIE PIC

Lorsque Gene m'a parlé de son projet d'ouvrage, elle a aiguisé ma curiosité. Un livre sur le savoir-vivre ? Je me demandais quel pouvait en être le propos. Son idée était d'expliquer en quoi les règles de politesse créent le lien à l'autre. Elle m'a invitée à partager avec vous mon expérience des affaires de table. Car aller au restaurant, c'est aussi vivre une expérience de lien, de règles conviviales.

Aller au restaurant, c'est vivre une expérience. Une expérience qui fait appel aux cinq sens. Au goût, bien sûr, car c'est la sensation synthétique, globale, c'est le sens par lequel nous percevons la saveur des plats. Mais, pour fonctionner, il doit s'accompagner des quatre autres. Les couleurs, les formes, les textures, la structure d'un plat, son parfum avant de le porter en bouche participent à son appréciation. La vue et l'odorat jouent ainsi un rôle essentiel dans l'anticipation gustative. Le palais renseigne sur l'onctuosité ou le croquant, sur la température et bien d'autres sensations. L'ouïe intervient également dans la perception de bulles qui éclatent, d'une croûte qui crisse…

Au-delà du strict cadre de l'assiette, l'expérience du restaurant a ceci de particulier qu'elle est éphémère et prend forme dans un lieu, dans un contexte social, affectif et personnel qui la rendent unique. L'appréciation d'un repas dépend d'une somme de facteurs qu'il est parfois difficile de maîtriser, parmi lesquels on peut citer les personnes avec lesquelles on le partage, le contexte, l'humeur du moment. Ce que nous nous devons de maîtriser en revanche, c'est l'accueil que nous faisons à nos clients, la décoration, l'atmosphère du restaurant, les arts de la table, la qualité du service qui doivent raconter notre histoire, dire qui nous sommes.

Et c'est là que nous nous rejoignons avec Gene. L'importance de l'attention à l'autre est clé dans mon métier. Cuisiner est un acte d'amour, un don de soi. L'attention à l'autre s'exprime à travers l'écoute mais aussi dans tous les détails qui font que le convive se sent unique : rituel d'accueil et de passage à table, vaisselle et mise de table, décoration du restaurant, rythme du repas, tour de salle, etc.

Je dis souvent que j'accueille mes convives dans ma maison. Car c'est là que j'ai vécu enfant, au-dessus des cuisines de mon père, c'est cette maison qui m'a vu grandir et c'est cette maison que nous avons reprise avec mon mari, depuis plus de vingt ans, et pour laquelle nous donnons le meilleur de nous-mêmes, aidés en cela de toutes nos équipes.

L'esprit d'une maison, les valeurs que chacun de ses membres porte sont des éléments clés de la réussite d'un restaurant. Nos métiers nous enseignent l'humilité, la valeur du travail et de la volonté, l'importance de l'humain, l'écoute et l'empathie. Il faut savoir se remettre en question, être en permanente recherche de perfection. Mais dans ce questionnement nous ne sommes jamais seuls car c'est une aventure d'équipe que celle de la restauration.

Je voudrais conclure en insistant sur la chance que j'ai d'avoir un métier comme le mien. Un métier difficile certes, exigeant, physique, qui nécessite rigueur, discipline et maîtrise… mais un métier qui continue de faire rêver, qui procure du bonheur à nos convives, qui est au cœur de notre identité culturelle.

ANNE-SOPHIE PIC, chef trois étoiles au Michelin,
propriétaire du restaurant la Maison Pic, à Valence

INTRODUCTION

« Si la politesse n'inspire pas toujours la bonté, l'équité, la complaisance, la gratitude ; elle en donne du moins les apparences, et fait paraître l'homme au dehors, comme il devrait être intérieurement. »
Jean de La Bruyère

Parler de savoir-vivre aujourd'hui peut paraître dérisoire, désuet, voire décalé. N'y a-t-il pas des sujets plus préoccupants que la politesse ou la courtoisie ? Possible. Et pourtant, le savoir-vivre y trouverait sa place tant il imprègne, qu'on le veuille ou non, toutes les sphères de notre quotidien, que ce soit notre vie intime, familiale, sociale ou professionnelle.

Les règles de politesse et les usages conditionnent la possibilité de **vivre ensemble** en bonne intelligence, et ce, au même titre que la loi. Le savoir-vivre donne un cadre et des us à respecter, indispensables pour permettre à chacun de s'exprimer et de jouir de sa liberté. Ces règles canalisent les débordements pulsionnels et émotionnels des individus, protégeant ainsi chacun. Elles font obstacle, dans la mesure du possible, à la loi du plus fort. Ce qui fonde notre humanité est justement cette aptitude à penser la vie autrement que selon cette loi naturelle, afin de dépasser et d'améliorer ce qui nous semble terriblement injuste. Plus les temps sont troublés (chômage, risque d'attentats…), plus nous devons nous reconnecter avec les règles du savoir-vivre qui constituent le socle de la vie en société. Chaque être humain a droit au respect. Chacun a besoin d'être regardé et reconnu. C'est la base même de la construction de l'individu. Chaque personne existe en grande partie dans le groupe et par le groupe.

Il est souvent difficile d'aimer son prochain et d'avoir des idées nobles et généreuses. Respecter les règles de politesse et de savoir-vivre peut être un des moyens d'y parvenir ou tout au moins d'essayer. Je fais ce pari de croire que **la manière d'agir construit la façon de penser de l'individu et vice versa**. Autrement dit, la forme agit sur le fond. En réunion professionnelle, si vous écoutez un collègue de manière véritablement attentive, en le regardant dans les yeux, la discussion sera plus intéressante : votre collègue aura alors le sentiment d'avoir été respecté, que ses arguments ont été entendus et compris, et il sera encouragé à vous écouter et à vous respecter de la même façon. À l'inverse, autre situation : si votre adolescent a les yeux rivés sur son téléphone tout le long du repas, vous aurez beau lui poser des questions sur sa journée et tenter d'avoir un véritable échange, il ne sera pas vraiment *là* et aucun de vous deux aura apprécié la discussion. À plus long terme, la relation avec votre enfant en sera affectée.

Le savoir-vivre est indispensable pour vivre en société, mais c'est aussi un formidable outil pour retrouver sa confiance en soi, s'épanouir et progresser. Il vous permet d'améliorer votre bien-être général.

Pour y parvenir, les règles de savoir-vivre doivent prendre sens au-delà des apparences et être comprises dans tout ce qu'elles induisent. Au fil du livre, vous découvrirez à quel point la compréhension de l'intérêt des règles de politesse est en soi un vrai moyen de développement personnel, au sens le plus noble du terme. C'est souvent par des injonctions, « Tiens-toi droit ! », « Dis bonjour à la dame ! », « Excuse-toi ! », que les règles de savoir-vivre nous ont été transmises. Mais comme un ordre crée toujours une forme de résistance lorsqu'il n'est pas compris, voilà pourquoi je vous propose dans ce livre un autre regard sur le contenu de ces injonctions pleines d'enseignements, au-delà de leur formulation rébarbative. Tel un sportif, en répétant maintes et maintes fois de nouvelles habitudes, et en comprenant leurs implications, votre cerveau et votre corps intégreront le sens de ces règles.

Mon propos est ici de vous aider à comprendre comment, par la mise en œuvre consciente des principes de politesse, vous participez à un mouvement intérieur d'amélioration de votre être et vous pouvez ainsi, dans une certaine mesure, transformer la réalité autour de vous. La soumission à des règles justes permet de grandir. Nous verrons comment le savoir-vivre permet de développer des qualités telles que la curiosité, l'envie d'apprendre, la maîtrise de soi, l'empathie, la richesse intérieure, l'écoute et l'observation, l'attention, la posture physique, le rapport à la beauté et l'harmonie, la gratitude, l'humilité. Les conditions pour développer ce que je nommerai **l'élégance de l'âme** sont le désir, la sincérité, la persévérance et aussi un peu d'humilité car il faudra souvent de la patience et de la vigilance vis-à-vis de ses propres attitudes. Je vous propose, à partir du choix de quelques règles de savoir-vivre, de voir comment elles peuvent être un point d'appui pour développer des qualités humaines utiles à vous et aux autres.

Chapitre 1

POURQUOI AVONS-NOUS TANT BESOIN DE SAVOIR-VIVRE ?

« La politesse est la grâce de l'esprit. »
HENRI BERGSON, philosophe

Le savoir-vivre, la politesse, la courtoisie… Tous ces termes regroupent la même idée forte : celle de savoir appliquer des codes pour être accepté par le groupe. Mais contrairement à ce que l'on croit souvent, ces codes, ce n'est pas seulement savoir où positionner le couteau et la fourchette. Il s'agit avant tout d'être capable d'adopter la bonne attitude et de considérer l'autre comme un individu unique et digne de respect, afin que nous puissions vivre ensemble et jouir chacun de notre liberté individuelle sans gêner l'autre.

Le savoir-vivre n'est pas non plus figé dans le temps, comme nous allons le voir dans ce chapitre : il est le reflet des relations humaines à une époque, des valeurs défendues par la société et le poids de la religion notamment. Les codes évoluent avec la société et ils sont, contrairement aux apparences, vitaux à notre épanouissement.

L'homme, un être social par essence

Dans une nature qui le dépasse, l'homme seul ne peut survivre bien longtemps. Il a besoin des autres pour dompter la nature et obtenir d'elle ce qui lui est indispensable pour vivre (se nourrir, dormir, être en sécurité). L'individu seul n'est rien, soumis qu'il est à une force qui le dépasse. Le film *Into the Wild*, de Sean Penn, sorti en 2007, illustre bien la difficulté voire l'impossibilité de survivre seul. Ce film raconte l'histoire d'un jeune homme qui aspire à une vie solitaire dans la nature et choisit, contre l'avis de sa famille, de partir à l'aventure. Isolé de tous, en Alaska, il prend la décision de rentrer mais, alors qu'il est affamé et affaibli, il s'empoisonne accidentellement avec une plante et finit par succomber.

Ce que nous avons parfois oublié était présent en permanence à l'esprit des premières communautés humaines. C'est en s'inscrivant dans le groupe et en le structurant par des règles et la définition des rôles de chacun que l'homme a pu survivre et se développer. L'être humain est condamné en quelque sorte à ce fameux « vivre ensemble ». Les premiers hommes avaient essentiellement comme but de se nourrir pour survivre, de se mettre à l'abri pour ne pas mourir de froid (ou de chaud) et de se protéger des animaux sauvages. En ces temps lointains, tous les animaux étaient sauvages. C'est au fil du temps et par la collaboration entre eux que les hommes ont pu se construire des abris de plus en plus sûrs et sophistiqués, chasser plus efficacement, faire pousser des fruits, légumes et céréales et se protéger des animaux les plus dangereux.

Les « stages de survie » proposés aux cadres de certaines entreprises pour ressouder les équipes s'inspirent de ce constat. Les stages essayent, avec plus ou moins de bonheur, de créer artificiellement un état de nécessité proche de ce que les premiers hommes pouvaient ressentir. La question est : comment le groupe trouve sa cohésion devant un besoin vital. Des émissions de téléréalité comme *Koh-Lanta* font de ce thème un spectacle en créant pour les participants des situations précaires nécessitant de mobiliser l'intelligence du groupe en gérant les ego de leurs membres. Le téléspectateur profite de ce spectacle bien au chaud sur son canapé, dans des conditions totalement inverses à celles liées à la survie…

Une communauté, quelle qu'elle soit, doit se structurer pour fonctionner et survivre. Mais à la différence d'autres espèces, l'homme ne se contente pas de survivre, et c'est ainsi que nos sociétés se sont complexifiées au fil des siècles.

Plus la société se complexifie, plus les règles deviennent vitales !

Pour l'ethnologue Claude Lévi-Strauss, l'homme n'est pas seulement un être naturel biologique mais il est aussi un être culturel qui vit en société, qui développe et défend des valeurs. Ainsi, il n'est pas seulement question de survie mais d'adéquation morale et intellectuelle entre les hommes !

Parmi les règles de la société, certaines définissent les rapports entre les membres d'une famille (l'interdiction de l'inceste, par exemple). La religion a d'ailleurs été à l'origine de bon nombre de règles de conduite. Parmi les dix commandements de l'Ancien Testament, six d'entre eux concernent des règles de vie en société, par exemple : « Tu ne commettras pas de meurtre », « Tu ne commettras pas d'adultère » ou encore « Tu ne porteras pas de faux témoignages envers ton prochain ». Ces commandements fixent des limites, sous la forme d'interdits, aux débordements que l'être humain pourrait avoir s'il n'était préoccupé que de son bien-être sans tenir compte de celui de l'autre et du groupe. Toutes les religions monothéistes ont édicté des règles qui avaient pour but de régir la vie en communauté.

Ces préceptes sont constitutifs de la morale de la vie en société mais aussi du développement moral et spirituel de l'individu. Ils sont aussi la base du droit et des lois qui régissent les sociétés.

L'être humain ne se contente donc pas d'agir pour la survie de l'espèce. Il est un conquérant. Il cherche à dominer le monde, à améliorer son sort, à aller toujours plus loin dans la recherche du confort. L'être humain est aussi un être spirituel curieux de comprendre l'environnement qui l'entoure et sa place dans l'univers. Dès l'Antiquité mais surtout depuis la Renaissance, les échanges commerciaux se sont progressivement intensifiés. Le quotidien est devenu plus confortable mais il a aussi fallu codifier toujours plus pour que les échanges de denrées et de services soient plus justes. D'où la naissance de Codes de commerce.

Plus la société humaine progresse plus elle codifie. Le but des usages, règles et coutumes ainsi définis (de manière explicite ou implicite parfois) a pour objectif principal de permettre à l'humanité de survivre et de se développer dans les meilleures conditions possibles. L'homme étant par essence un être social, il devient difficile de s'épanouir en dehors de l'application des règles.

Petite histoire du savoir-vivre

Élaborées et précisées par des penseurs humanistes, des diplomates, des hommes de cour et des hommes d'Église, les règles de savoir-vivre font partie intégrante des règles et des lois de la société. Il est donc difficile de dater précisément la naissance du savoir-vivre et des règles de politesse tant elles se mélangent avec des règles plus générales et les lois.

On trouve dès **l'Antiquité** des textes qui définissent les conduites à adopter dans certaines circonstances : les salutations, les rencontres, les repas, les fêtes et les cérémonies, les rites funéraires, les alliances... Il existe aussi dès cette période des écrits plus ambitieux et généraux qui érige la politesse au niveau plus élevé de l'éthique. Que ce soit dans le traité *De Finibus*, du philosophe Cicéron (Ier siècle av. J.-C.), ou dans *De officiis ministrorum*, de saint Ambroise (IVe siècle), on retrouve les quatre vertus qui composent la beauté morale, alors nommées vertus cardinales : la **prudence**, la **justice**, la **force** et la **tempérance**. Autour de chacune de ces vertus pivotent les autres, créant un ensemble cohérent qui favorise le progrès moral de l'homme. Celles-ci, lorsqu'elles sont comprises et pratiquées, permettent à l'homme de se construire de façon idéale.

L'influence des auteurs et philosophes de l'Antiquité transparaît de façon évidente dans les traités du **Moyen Âge**, époque où l'Europe est empreinte de christianisme. La morale laïque occidentale, et notamment en France, est très largement inspirée de cet héritage. À travers l'évolution du savoir-vivre, on observe la persistance de notions telles que le respect de soi et des autres, l'hygiène, le progrès humain et l'élévation de l'âme, un idéal de société où chacun a sa place et reconnaît celle des autres. Le Moyen Âge, plus raffiné que l'on ne le présente habituellement, proposera à travers le modèle courtois une utopie de vie sociale harmonieuse. Les romans courtois présentent à partir de fictions des personnages élégants de cœur et d'esprit, une sorte d'idéal de comportement et de spiritualité. L'homme courtois excelle dans les bonnes manières, la maîtrise du langage et la culture. Les valeurs prônées sont le courage, la noblesse de cœur et la galanterie.

Le savoir-vivre est aussi traité de manière plus pragmatique dans un grand nombre de manuels du Moyen Âge, avec des textes plutôt courts qui ont pour vocation explicite d'apprendre la façon de se tenir, de mastiquer, de s'essuyer les mains... Ils prennent souvent la forme de conseils d'un maître à un élève. Il est notamment conseillé de :

- manger peu ;
- ne pas se précipiter sur la nourriture ;
- ne pas choisir les meilleurs morceaux ;
- s'essuyer la bouche avant de boire ;
- ne pas faire de bruit en avalant ;
- ne pas vider son verre d'un trait ;
- boire lentement à petite gorgée ;
- ne pas s'enivrer ;
- et bien d'autres conseils précis.

En règle générale, le destinataire est un jeune noble, mais l'intention des auteurs est d'apporter un enseignement universel et moral destiné à tous. La façon de concevoir le savoir-vivre comme vecteur d'amélioration du comportement, destiné à tous, continuera à s'ancrer à la **Renaissance**. L'ambition des ouvrages concernant les règles de vie grandit au fil du temps. Ce sont désormais de grands traités dont le sujet est la civilité appréhendée comme une véritable philosophie de l'existence.

Une grande partie de nos règles de savoir-vivre étaient déjà édictées au Moyen Âge !

Quelques ouvrages de savoir-vivre majeurs à la Renaissance

Baldassar Castiglione, diplomate et homme de cour, est l'auteur du *Livre du Courtisan*, qui paraît en Italie en 1528. Ce livre, écrit sous la forme d'une conversation, s'inspire des usages et comportements à la cour d'Urbino, la plus brillante et raffinée d'Italie à cette époque. Dans cet ouvrage, il est essentiellement question du raffinement des mœurs, en prenant pour personnage principal un courtisan parfait et idéalisé : habile avec son corps, fin lettré, artiste, sans affectation (modeste), et de haute moralité. Il ne s'agit pas ici d'une liste de préceptes mais plutôt d'un modèle à imiter, vers lequel tendre. Le courtisan de Castiglione sera copié, adapté et transposé comme un modèle idéal et universel : « C'est bien plus souvent dans les petites choses que dans les grandes que l'on connaît les gens courageux. »

Érasme de Rotterdam, encore connu de nos jours, publie à Bâle en 1530 un traité destiné à l'éducation des enfants : *La Civilité puérile*. Cet écrit est plus pédagogique et a pour but d'enseigner aux enfants des règles de comportement à appliquer dans tous les domaines de leur vie : la façon de s'habiller, de se tenir, les attitudes à adopter à l'église, à table, et avec les personnes que l'on rencontre : « L'art d'instruire consiste en plusieurs parties, dont la première et la principale est que l'esprit encore tendre, reçoive les germes de la piété ; la seconde, qu'il s'adonne aux belles lettres et s'en pénètre à fond ; la troisième, qu'il s'initie aux devoirs de la vie ; la quatrième, qu'il s'habitue aux règles de la civilité. [...] Quoi que le savoir-vivre soit inné chez tout esprit bien réglé, cependant, faute de préceptes formels, des hommes honnêtes et instruits en manquent parfois, ce qui est regrettable. » Érasme reprend les règles déjà préconisées à l'époque médiévale. La morale est importante, on incite l'enfant à la franchise, l'honnêteté, la pudeur, le respect des adultes et la pratique religieuse. Son enseignement est humaniste et présente une éthique de vie basée sur le respect

→

de soi et des autres. Il est destiné à permettre à chacun de s'élever quelle que soit la classe à laquelle il appartient.

Ces deux ouvrages se répandent largement en Europe où ils ont une grande influence. Ils proposent une représentation de l'homme en tant qu'être social qui s'inscrit dans un contexte culturel et un réseau relationnel qu'il est nécessaire de respecter en appliquant certaines règles de vie et en adoptant des comportements moraux adaptés et acceptés de tous.

Bien d'autres écrits ont été publiés au XVIe siècle sur le thème de l'éducation, du savoir-vivre, et des règles de politesse, notamment en France et en Italie. On peut citer *Galatée ou la manière de vivre dans le monde*, en 1558, de **Giovanni Della Casa**, qui reprend les règles de Castiglione avec cette particularité que la convivialité prend une plus grande place ; les bonnes manières visent à rendre la vie, les relations, plus agréables et douces.

Les ouvrages du XVIe siècle, et notamment ceux cités dans l'encadré ci-dessus, ont ouvert la voie en Europe à d'autres traités de savoir-vivre **aux XVIIe et XVIIIe siècles**.

En France, on peut citer les deux ouvrages suivants : *Nouveau Traité de la civilité qui se pratique en France parmi les honnêtes gens*, écrit en 1671 par **Antoine de Courtin**, et *Les Règles de la bienséance et de la civilité chrétienne*, de **Jean-Baptiste de la Salle** en 1703. Ces deux ouvrages montrent une particularité française où la civilité a un double aspect manifeste : elle est une vertu mondaine et aussi chrétienne. Ailleurs, en Europe, d'autres auteurs vont publier des ouvrages influents. L'Espagnol **Balthasar Graciàn**, dans *L'Homme de cour*, paru en 1647, présente à travers le modèle du « discreto » l'art de la séduction comme moyen d'accès au pouvoir. En Angleterre,

Henry Peacham, dans *The Compleat Gentleman,* 1622, prône un homme distingué, cultivé, responsable, utile à la société. En Allemagne, le baron **Adolph Knigge**, dans *Du commerce avec les hommes*, 1788, traite des principes fondamentaux des relations humaines et reconnaît la diversité des usages. Il apparaît, en ce sens, comme une transition entre la tradition de l'Ancien Régime et le savoir-vivre moderne qui apporte une dimension pragmatique en faisant primer la réalité sur l'idéal. Cet aspect pratique sera de plus en plus présent dans les traités.

Aux XIXe et XXe siècles, une littérature variée et abondante émerge sur le sujet. Cela va de manuels traitant des grandes questions morales à d'autres plus axés sur les comportements du quotidien dans ces détails sans oublier les convenances autour de la table et des réceptions. Cette littérature est influencée par l'évolution de la société, marquée par l'industrialisation, facteur d'ascension sociale, avec l'émergence de nouvelles classes, notamment la bourgeoisie. Ces ouvrages sont de véritables guides et concernent tous les aspects et toutes les périodes de la vie, de la demande en mariage jusqu'à l'organisation des obsèques, en passant par les dîners et autres occasions d'échanges sociaux. Ils sont des ouvrages pratiques avec des conseils détaillés. **Avec l'arrivée de la bourgeoisie, le personnage de la maîtresse de maison prend de l'importance.** Elle est le partenaire de son époux pour l'élévation et la réussite sociale de la famille. Une série de traités écrits sous le pseudonyme **Baronne Staffe**, dont le très célèbre, devenu un véritable succès de librairie : *Usages du monde : règles du savoir-vivre dans la société moderne*, paru en 1889. Ce livre suit le plan classique pour l'époque des différentes périodes de la vie et de toutes les situations de la vie sociale. Parmi les conseils très concrets, on apprend qu'« on ne porte jamais de diamants aux oreilles le matin avec un costume tailleur » ou qu'« il n'est rien d'aussi sot que de refuser un plat qu'on vous offre en expliquant "qu'il ne nous réussit pas" ».

Le travers du savoir-vivre : un outil de domination d'une classe sociale

Le revers du savoir-vivre est qu'il peut aussi être un outil de domination par l'établissement de conventions particulières et précises pratiquées par une classe sociale désirant se distinguer du commun en créant des codes d'appartenance. Cet aspect est bien illustré par les codes de politesse de la bourgeoisie naissante du XIXe siècle, qui cherche à « s'anoblir ». Il y a dans cette démarche le double aspect du désir d'élévation et aussi de s'affranchir d'une origine non aristocratique. C'est pour cette raison que certains sociologues ont pu considérer les règles de savoir-vivre comme un outil de domination de classe.

Les codes de savoir-vivre peuvent donc avoir une ou plusieurs utilisations. Dans la perspective humaniste, ils sont une aide au progrès et à l'élévation de l'homme. D'un point de vue sociologique, ils servent à marquer les différences sociales mais aussi à asseoir un certain statut au sein de sa propre classe sociale.

Un exemple amusant illustre cette dernière utilisation des codes. Ne pas mettre ses coudes sur la table est une règle présente dans les traités les plus anciens, dont celui du philosophe Érasme, destiné à l'éducation des enfants, au XVIe siècle. Cette règle est toujours de mise encore aujourd'hui, mais il était accepté au XIXe siècle que les femmes mariées mettent leurs coudes sur la table en croisant les mains pour montrer les bijoux offerts par leur mari. Ce geste permet d'exposer sa fortune et sa réussite parmi ses pairs au sein d'une société où la création de richesse devient une valeur partagée. Mari et femme sont partenaires, lui travaille, crée la richesse, elle favorise sa réussite et la met en valeur. Nous sommes ici loin de la modestie prônée par le philosophe Érasme. Comme quoi, toute règle peut être facilement détournée de son but premier !

Une autre Baronne, plus récemment, a repris le flambeau. **Nadine de Rotschild** a publié des ouvrages, dont *Le Bonheur de séduire, l'Art de réussir* (2001). Elle a ouvert une académie près de Genève où les dames de la bonne société apprennent à tenir leur rang en respectant « les règles actuelles de la bienséance ». De nos jours, il existe des ateliers de *French Étiquette* dans lesquels les élèves sont formés à faire des présentations, à se montrer galants... il existe aussi des formations au « savoir-vivre en entreprise » pour des employés amenés à fréquenter des milieux choisis ou des palaces.

Les manuels modernes, parfois même sous des formes amusantes, ne font que répéter en les actualisant et en les simplifiant, les règles de nos grands-parents. Aujourd'hui, compte tenu de l'évolution de la société, certaines rubriques ont disparu comme celles concernant les bals, alors que d'autres liées à la vie actuelle sont apparues : l'utilisation des smartphones, vivre avec les enfants de son conjoint... Les valeurs ont évolué et la notion de devoir a moins d'importance. Malgré cette adaptation des règles au monde et à la mentalité actuels, les principes fondamentaux du savoir-vivre dans leur essence, sont toujours valides.

La quête d'épanouissement individuel... parmi les autres

La complexité des relations humaines engendre un besoin de créer des normes et des règles de savoir-vivre, de politesse, pour accompagner les évolutions de la société et permettre à l'individu de trouver sa place dans un monde qui paraît de plus en plus compliqué, donc peu sécurisant. Évolution et réglementation sont un couple inévitable, même si cela est ressenti comme une diminution de la liberté individuelle que l'on peut trouver regrettable. La fable de La Fontaine « Le Loup et le Chien » illustre bien cette difficulté de choix entre sécurité et liberté : la sécurité crée le confort au prix d'être encadré par des règles ; la liberté se passe de protection engendrant l'insécurité. Un juste équilibre est ce que chacun souhaite pour s'épanouir et jouir de la vie, et c'est ce que les sociétés doivent réinventer en permanence à mesure des évolutions sociales, technologiques, économiques (mondialisation).

Une des caractéristiques de l'être humain est d'avoir conscience de son individualité, en ce sens qu'il est particulier. L'homme pense qu'il est différent de son congénère et qu'il a, en tant qu'individu, quelque chose de personnel à vivre. La quête du bonheur, de la réalisation de soi, est une constante chez l'homme et elle s'accentue à très grande vitesse depuis les dernières décennies. Les besoins vitaux, en tout cas dans les sociétés les plus riches, sont maintenant assurés. La question de la survie ne se pose plus. La société pourvoit dans une certaine mesure à la sécurité, la justice, l'éducation, la santé, et ce, à tous les âges de la vie. L'individu a des droits qui le protègent et qu'il peut revendiquer et mettre en œuvre en cas de besoin. C'est alors que la question du sens de sa vie personnelle et de son besoin d'épanouissement devient cruciale. Dans le même temps, il est en quête de partage et d'échanges. La paix et l'harmonie entre les hommes sont un désir profondément inscrit chez beaucoup d'entre nous. Cet idéal, qui est de toutes les époques, est joliment exprimé dans le poème de Paul Fort (1872-1960) « La Ronde autour du monde » :

> « Si toutes les filles du monde voulaient s'donner la main,
> tout autour de la mer, elles pourraient faire une ronde.
> Si tous les gars du monde voulaient bien êtr'marins,
> ils f'raient avec leurs barques un joli pont sur l'onde.
> Alors on pourrait faire une ronde autour du monde,
> si tous les gens du monde voulaient se donner la main. »

Dans son roman *Ensemble, c'est tout*, Anna Cavalda raconte une belle histoire de solidarité, de vrai savoir-vivre, où l'attention aux autres et la gentillesse sont à l'honneur. Dans ce livre, quatre personnes qui n'ont rien en commun, chacune isolée dans ses difficultés, se trouvent forcées de vivre ensemble et de s'entraider. Au fur et à mesure et au prix de concessions, elles vont apprendre à s'apprécier, à s'enrichir de leurs différences. Ce qui était au départ une contrainte va peu à peu devenir une ressource.

Nous sommes nombreux à rêver de cette fraternité humaine où le savoir-vivre ensemble permet à chacun d'être ce qu'il est et de vivre bien. Le savoir-vivre est le socle de la capacité à mettre en action les valeurs humaines qui permettent à tous de s'épanouir.

Vous communiquez de différentes façons, même sans le vouloir

Vivre ensemble est une nécessité, quelque chose auquel on ne peut échapper. Au fil des siècles, comme nous l'avons vu, les règles de savoir-vivre ont été édictées pour permettre aux hommes de vivre ensemble aussi harmonieusement que possible. Au XXe siècle, les études sur la communication et les interactions humaines ont mis en lumière de nombreuses idées clés qu'il est nécessaire d'évoquer lorsque l'on parle de savoir-vivre. Je vous rassure, ce court exposé sera plus théorique que les chapitres suivants, mais ces quelques explications vous permettront de saisir toute la portée du comportement de l'homme dans sa relation à autrui, et d'avoir une vision plus précise des conséquences de l'utilisation ou non des codes de savoir-vivre.

À partir des années 1950, un groupe de chercheurs aux États-Unis, que l'on désigne sous le nom de **l'École de Palo Alto**, fondée par Gregory Bateson, a étudié les différents niveaux de communication humaine, cherchant à travers l'étude des interactions à comprendre certains déséquilibres psychologiques. La communication entre deux personnes peut paraître assez simple de prime abord : une personne dit une chose, l'autre écoute et répond. Lorsque ces chercheurs ont étudié les différentes modalités interactionnelles utilisées par l'homme, ils se sont aperçus que celles-ci comportent de nombreuses nuances. Je n'ai pas ici pour ambition de détailler toute la complexité des théories de la communication mais plutôt de détailler quelques-unes des notions dégagées par l'École de Palo Alto afin de rendre compte de la richesse de la communication humaine.

On ne peut pas ne pas communiquer

Tout d'abord, tout comportement a valeur de communication. En effet, un comportement n'a pas de contraire, il n'existe pas de non-comportement. Toute attitude, posture, regard, parole ou silence envoie un message qui a valeur de communication, même si ces éléments ne sont pas adressés de manière intentionnelle. Ainsi, le fait de ne pas réagir à une information est en soi déjà une réponse. Une personne qui ne répond pas à la question qu'une autre lui pose est tout de même en train de produire un comportement (silence, haussement d'épaules, immobilité ou au contraire agitation, soupirs, regards…) qui signifie qu'elle ne veut ou ne peut pas répondre : elle lui a donc communiqué un refus.

Voici un exemple concret. Lorsque nous rencontrons quelqu'un dans l'ascenseur, un espace clos dans lequel la distance physique habituelle entre des inconnus ne peut pas forcément être respectée, nous avons tendance à baisser les yeux ou absorber notre regard sur notre téléphone portable, le courrier que nous venons de prendre dans la boîte aux lettres… Même si nous ne disons rien à la personne qui nous fait face, nous lui communiquons un refus d'entrer en relation avec elle, que cela soit par gêne, manque d'intérêt, ou par souci de discrétion.

La communication est à la fois verbale et non verbale

De même, il nous faut prendre en compte que tout message recouvre simultanément deux modes de communication : le mode digital et le mode analogique.

Le digital correspond à la transmission d'informations via le langage, les conventions sémantiques, et renvoie donc à la communication verbale. Il permet d'exprimer le partage d'informations, le raisonnement logique, la transmission de faits précis. Le mode analogique, lui, correspond à toutes les communications non verbales : posture, gestuelle, mimiques, intonations, contexte… Il transmet davantage les contenus relationnels et les émotions, mais il est aussi plus sujet à l'interprétation. Par exemple, des larmes peuvent indiquer soit la tristesse soit la joie ; un sourire peut être compatissant ou méprisant ; et il n'est pas toujours aisé de choisir entre deux interprétations.

Ainsi, un message tel que la phrase rituelle « Bonjour, comment allez-vous ? » est constitué de ces deux niveaux : la demande d'information (le digital), accompagnée de signaux non verbaux (analogiques) qui en eux-mêmes indiquent d'autres informations à l'interlocuteur (notamment l'humeur de la personne selon si celle-ci paraît plutôt enjouée, contrariée, pressée…), qui influenceront ses réponses. L'être humain est habitué à décoder ces deux niveaux de langage en continu afin de comprendre et d'adapter sa réponse à son interlocuteur, tout cela d'une manière automatique, quasi inconsciente. Il doit sans cesse traduire en langage digital les informations qu'il reçoit dans le domaine analogique, et il arrive que ces deux modes de communication apparaissent contradictoires, auquel cas il est difficile à l'interlocuteur de savoir comment se situer et poursuivre la conversation.

Par exemple, si nous rencontrons un ami d'enfance, depuis longtemps perdu de vue, et que celui-ci nous demande « Alors, que deviens-tu ? », tout en regardant ailleurs et en utilisant un ton froid ou en soupirant, il est difficile d'interpréter sa question. Nous la pose-t-il par convention sociale, se fichant éperdument de la réponse ? Est-il préoccupé et donc peu disponible pour s'intéresser à nous ? Nous manifeste-t-il un mécontentement, peut-être suite à une attitude de notre part ? La suite de la communication s'avère difficilement prévisible…

Contrairement à ce que l'on pourrait penser, le non verbal, c'est au moins les trois quarts de ce que nous communiquons. Les mots prononcés ne sont donc qu'une petite part de ce que vous voulez communiquer lorsque vous prenez la parole !

La communication est complémentaire ou symétrique

Enfin, une interaction peut être soit complémentaire soit symétrique. L'interaction symétrique peut être définie comme un comportement en miroir, et est caractérisée par la minimisation de la différence, et l'égalité entre les partenaires. Si l'interaction est saine, les partenaires s'acceptent tels qu'ils sont et sont dans une relation de respect mutuel. En revanche, le danger de ce type d'interaction, c'est lorsque la rivalité s'installe et qu'il y a escalade dans le conflit. C'est ce que l'on peut observer dans de nombreux conflits de couples, dans lesquels chacun veut avoir le dernier mot sous peine de craindre de « perdre la face ».

Quant à l'interaction complémentaire, elle suppose, comme son nom l'indique, une complémentarité des positions adoptée par chacun des partenaires. Elle est au contraire basée sur la maximisation de la différence. C'est le cas de la relation parent-enfant, professeur-élève, patron-employé... Pour que ce type de relation se maintienne, il faut que les deux partenaires « jouent le jeu », donc qu'ils acceptent cette définition de leur relation. Certains modèles complémentaires sont bénéfiques à un certain moment mais peuvent devenir inadaptés s'ils se maintiennent dans le temps. C'est le cas de la relation parent-enfant : jusqu'à un certain âge, un enfant est dépendant de ses parents et accepte (normalement) de se soumettre à leurs règles de vie et à certaines de leurs attentes, mais si cette attitude persiste et se renforce une fois arrivé à l'âge adulte, l'enfant peut alors entrer dans une certaine forme de dépendance (et de soumission) à l'égard des attentes parentales.

Ces deux modes de communication ne sont donc pas en soi « bons » ou « mauvais » tant qu'ils ne sont pas rigides. Dans une relation « saine », ces deux modes sont présents en alternance ou parallèlement (dans des domaines différents). Par exemple, lorsque vous demandez conseil à quelqu'un sur un sujet, vous adoptez une position complémentaire dans laquelle vous êtes demandeur de son avis, et lui est en position d'expert. Cela ne veut pas dire pour autant que vous le considérez comme supérieur par rapport à vous et que cette complémentarité ne peut pas s'inverser dans d'autres domaines (vous pouvez être meilleur que lui en cuisine et donc être en position d'expert sur ce sujet) ou que l'interaction ne peut pas être symétrique à d'autres moments (par exemple, ce sera le cas si vous lui exposez votre désaccord quant à son opinion sur un ami commun, sur la politique...).

Si vous ne vous intéressez pas réellement à votre interlocuteur, votre communication non verbale peut vous trahir.

Un exemple de l'application de ces notions

La pièce de théâtre *Art*, de Yasmina Reza, est un exemple parlant de l'intérêt d'avoir quelques notions de communication lorsque l'on s'intéresse au champ des relations humaines. Dans une scène située au début de l'œuvre, Serge invite Marc, un ami de longue date, chez lui, afin de lui montrer sa dernière acquisition, « un tableau blanc avec des liserés blancs ». Pendant près de deux minutes, Serge et Marc ne se parlent pas, ne s'adressent l'un à l'autre qu'au travers de mimiques, sourires, rictus. Serge installe son tableau bien en évidence, par terre au milieu de la pièce, de façon à ce que Marc puisse l'admirer. Il regarde son tableau, se frotte les mains avec un sourire puis se positionne à côté de son ami, le regardant toujours en souriant, mais sans un mot. Marc regarde le tableau avec attention, silencieux, immobile, les mains jointes devant sa bouche, puis se caressant le visage en adressant un sourire en coin à son ami. Il s'approche du tableau en mettant ses lunettes et le regarde sous plusieurs angles différents, allant jusqu'à s'agenouiller par terre pour regarder le bas du tableau. Il lève alors les yeux au ciel, se relève, et se dirige à reculons vers Serge tout en continuant de regarder le tableau. Il s'installe alors sur le canapé, croise les jambes, renifle, et regarde son ami avant de prononcer le premier mot de la scène : *« Cher ? »*

Si l'on analyse rapidement cette scène à partir des notions que nous avons exposées plus haut, voici ce que nous pouvons remarquer. Premièrement, le silence de Marc ne peut être interprété comme une non-réponse à la demande implicite de son ami d'évaluer la « pertinence » de son acquisition. Le fait qu'il ne s'exprime pas verbalement est en soi déjà une forme de réponse qui indique à Serge qu'il ne peut ou ne veut pas répondre. Nous ne pouvons rien déduire à partir de ce seul élément, seule la suite peut nous éclairer sur les motifs de l'absence de verbalisation de Marc. Malgré l'absence de paroles dans le début de la scène, Serge et Marc mettent en œuvre un grand nombre de comportements non verbaux, qui ont valeur de communication. Serge, de par sa position silencieuse, de retrait et ses sourires, montre à Marc qu'il est en attente de son jugement, dont on peut supposer qu'il espère que celui-ci soit positif. Son regard alterne entre le tableau et son ami, sourire aux lèvres, attendant patiemment l'avis de ce dernier.

Parallèlement, Marc étudie le tableau sous toutes ses coutures, tout en maintenant le silence entre eux et en manifestant nombre de sourires, mimiques, soupirs et regards à son ami. À ce moment de la scène, le spectateur commence à se douter que Marc est sceptique quant à l'achat de Serge, ce qui va se trouver confirmer lorsqu'il prononce le premier mot de la séquence : *« Cher ? »* Au lieu de donner son verdict, il questionne son ami sur le prix du tableau. Le spectateur comprend donc que Marc désapprouve certainement l'acquisition de Serge.

Tous deux sont alors dans une position de complémentarité : Serge attend l'avis de Marc, mis en position de juge, d'expert. Précisons que les éléments dont nous disposons ne nous permettent pas de savoir si cette position de complémentarité s'applique à d'autres domaines de leur relation ou si elle n'intervient que sur ce sujet précis. Toujours est-il que dans cette scène, les personnages cautionnent cette définition de leur relation (ce qui ne sera pas toujours le cas dans la suite de la pièce).

Ainsi, dans cette scène, un seul mot a été prononcé, et pourtant le spectateur comprend le sujet et l'enjeu de l'interaction en cours. Dans la suite de l'échange, le spectateur assiste à une discussion des deux personnages sur le prix du tableau, sur sa valeur, évoquant le fonctionnement du marché de l'art. Serge essaye de convaincre Marc de l'intérêt du tableau mais celui-ci n'adhère définitivement pas et finit par le qualifier de « merde », choqué que son ami l'ait payé si cher. Serge défend son achat, demandant à Marc comment il peut utiliser un tel qualificatif. La scène se termine par la sortie de Marc et un monologue de Serge, parlant de l'attitude de son ami : « Aucune tendresse dans son attitude, aucun effort, aucune tendresse dans sa façon de condamner. Un rire prétentieux, perfide, un rire qui sait tout mieux que tout le monde. J'ai haï ce rire. » Il est intéressant de noter que ce que Serge a le plus mal vécu, ce n'est pas le qualificatif, pourtant violent, que Marc a utilisé, mais plutôt les attitudes non verbales qui ont accompagné la discussion. Ceci sera confirmé lors d'une autre scène dans laquelle Serge rapporte cette discussion à leur ami commun, Yvan, insistant sur le fait que ce qu'il reproche à Marc, c'est « son ton, sa suffisance, son absence de tact », ou encore « son indélicatesse », ses « railleries aigres », ces éléments le renvoyant à ce qu'il interprète comme de la condescendance.

Le décor est planté, et la suite de la pièce rend compte avec une grande finesse de toute la complexité des interactions possibles entre les personnages.

Sur la communication : pour conclure...

Les messages que nous envoyons aux autres conditionnent les communications que nous allons produire et recevoir de leur part, et donc participer à définir la relation que nous avons avec eux. Ces messages ont évidemment pour support la communication verbale, mais s'appuient aussi énormément sur tout ce qui accompagne le langage et peut donner une indication supplémentaire sur le message transmis : posture, mimique, intonation, contexte dans lequel l'interaction a lieu. Dans cette perspective, nous pouvons en déduire que les codes de savoir-vivre et de politesse sont aussi à interpréter dans ce sens, c'est-à-dire qu'ils participent à nous définir par rapport à l'autre et à lui exposer la définition que nous avons de notre relation avec lui. Lorsque nous décidons d'utiliser ou non certaines conventions, quel message est-on en train de faire passer à l'autre ?

Dans les trois chapitres qui vont suivre, nous allons étudier plus en détail trois aspects de la communication non verbale, essentiels au savoir-vivre : la posture, le regard et l'écoute.

Chapitre 2

LA POSTURE : PREMIER PILIER DU SAVOIR-VIVRE

« Qui marche droit, tombe rarement. »
LÉONARD DE VINCI

Pour nous épanouir, nous avons besoin d'être reconnus pour ce que nous sommes, en tant qu'individus à part entière. Cette reconnaissance se fait grâce au vecteur de la communication : être regardé ou écouté sont autant de signes qui montrent que la personne a remarqué votre présence et qu'elle vous respecte. Le savoir-vivre étant basé sur l'échange, voilà pourquoi comprendre l'impact de l'écoute, la posture, le regard et la parole dans le message que nous délivrons aux autres est du plus grand intérêt. Dans ce chapitre et les deux suivants, nous verrons justement comment l'écoute, la posture et le regard sont primordiaux pour améliorer vos relations avec les autres et permettre l'épanouissement de chacun.

« Tiens-toi droit ! »

Cette injonction, nous l'avons tous entendue dans notre enfance des dizaines de fois. Quand nous observons un bébé de neuf mois assis, nous voyons qu'il a le dos bien droit. Il est ainsi en équilibre et dans cette position il peut se tourner dans toutes les directions, regarder autour de lui, et saisir les objets. Il ne marche pas encore et il est cependant déjà dans la verticalité. Un jeune enfant qui apprend à marcher connaît intuitivement l'aplomb, l'art de se mouvoir. Le même, quelques années plus tard, s'entend dire « Redresse-toi ! Tiens-toi droit ! » par ses parents ou ses professeurs, plusieurs fois par jour, et cela l'énerve. Il est étonnant de voir le même être, naturellement droit lorsqu'il ne marchait pas encore, se voûter. Au fil du temps, il perd son aplomb et sa posture naturelle. Les transformations successives, notamment des muscles et des os, ainsi que l'hérédité, peuvent expliquer ce changement physique.

Des aspects psychologiques peuvent aussi être à l'origine de ce changement de posture. Au cours de notre vie, un certain nombre d'éléments peuvent nous conduire à « courber l'échine ». Le besoin de se protéger, de se cacher, de se replier, fait que parfois nous perdons notre verticalité. Le manque de confiance en soi, voire d'estime de soi, qui peut intervenir pour diverses raisons à différents moments de la vie, peut aller jusqu'à accentuer sérieusement des problèmes posturaux.

Lorsque je rencontre Renan pour la première fois, il a 45 ans et a été licencié depuis un an de l'entreprise dans laquelle il travaillait depuis vingt ans, où il occupait un poste de responsable comptable. Il est abattu et très inquiet pour l'avenir. Son air est doux mais son corps traduit une grande lassitude. Il a le dos voûté et le visage triste. Il est vrai qu'à ce moment de sa vie, il n'a pas de quoi se réjouir ! Au fur et à mesure de nos entretiens, il apparaît qu'il est dans cet état depuis plusieurs années, bien avant son licenciement. En évoquant son enfance, il raconte qu'il a été élevé avec sa petite sœur, par sa mère, suite au décès prématuré de son père. Il a le souvenir d'une petite enfance malgré tout joyeuse jusqu'à l'arrivée d'un beau-père autoritaire et rigide alors qu'il avait 8 ans. Sa sœur n'a jamais accepté l'autorité injuste de cet homme alors que lui, n'a pu s'opposer réellement.

Il se rappelle avoir été victime des crises de ce beau-père qui allait parfois jusqu'à le frapper lorsqu'il n'obéissait pas immédiatement ou même simplement quand il avait une attitude qui lui déplaisait. Dans son incapacité à réagir, il a fait littéralement le dos rond. Et c'est là qu'il a commencé à avoir de sérieux problèmes de dos. Les années ont passé, il a réussi ses études et a bien commencé sa carrière mais à chaque fois qu'il a été confronté à des chefs autoritaires, il n'a eu comme seule attitude possible de *« courber l'échine »*, de *« faire le gros dos »*, comme il dit, et se soumettre en ravalant ses colères et ses rancœurs. Aujourd'hui, il souffre beaucoup physiquement et moralement.

Dans l'histoire de Renan, le lien entre la posture et ce qui s'est inscrit au fil des années est remarquable.

La position de votre corps reflète votre état psychologique

Votre posture et votre état intérieur sont intimement liés. La posture de votre corps reflète votre état psychologique. De même, si vous modifiez ou rectifiez votre posture, vous agissez sur votre état émotionnel. À toute émotion, quelle qu'elle soit (joie, bien-être, peur, angoisse, anxiété, colère…), correspond une tension musculaire. Par exemple, lorsque vous avez peur, vous vous crispez et votre souffle est réduit, saccadé, ce qui provoque un sentiment de panique.

Votre posture est la position que votre corps occupe dans l'espace. Elle est le résultat d'un équilibre qui se manifeste dans le maintien et les mouvements, même à l'état de repos. Elle a une grande influence sur l'état psychologique et physique. En observant une personne déprimée, vous verrez que son regard est baissé, ses épaules tombantes vers l'avant, et son souffle court. À l'inverse, une personne confiante et détendue aura la tête haute, les épaules bien redressées vers l'arrière, la respiration calme et le regard vif.

La façon de vous tenir et l'expression de votre visage conditionnent donc, dans une certaine mesure, votre santé physique et mentale. Les recherches scientifiques menées sur le sujet montrent aujourd'hui que lorsqu'un sujet est déprimé, son système immunitaire est affaibli.

La manière dont vous vous tenez et traitez votre corps a un impact direct sur votre moral. Le phénomène s'accentue avec les années qui passent. La plupart de vos gestes quotidiens sont évidemment inconscients. Les mauvaises postures s'installent à un jeune âge et très rapidement. Elles deviennent insidieusement des habitudes, difficiles à remettre en question. La posture est pourtant essentielle à votre qualité de vie, votre santé et votre bien-être car son impact sur la morphologie et les fonctions physiologiques est important. **Apprenez à corriger votre posture et vous améliorerez votre état psychologique.** Cela, n'importe qui peut le faire ! Redresser le corps, c'est aussi redresser l'esprit.

EXERCICE PRATIQUE

UNE POSTURE DE TRISTESSE INFLUE SUR VOTRE MENTAL

Je vous propose l'expérience suivante. Prenez le temps d'observer une personne déprimée. Imitez sa posture, sa gestuelle, et l'expression de son visage : baissez les yeux, plissez le front, penchez la tête en avant et rentrez les épaules. Conservez cette posture quelques minutes et prêtez attention à ce que vous ressentez et aux pensées qui vous viennent. Notez-les mentalement.

Après quelques instants, faites-vous plus grand, relevez la tête, redressez les épaules vers l'arrière, détendez votre visage, souriez un peu et regardez loin devant vous. Inspirez et expirez lentement et continuez quelques minutes.

Qu'avez-vous ressenti en imitant une personne déprimée ? Comment vous êtes-vous senti ensuite, une fois redressé ? Avez-vous observé avec quelle rapidité votre état d'esprit a changé ? En prenant la deuxième posture, il est fort probable que vos pensées se soient tout naturellement modifiées et que vous soyez automatiquement devenu plus optimiste. Par un simple changement de posture, votre état psychologique s'est modifié.

La modification physiologique provoquée par le fait de se redresser est un levier efficace de changement d'état émotionnel. C'est parfois un préalable à un autre regard sur la vie. Un conseil, dès que vous constatez que vous êtes avachi, que votre dos est rond et vos épaules sont rentrées, redressez-vous ! Pensez-y aussi souvent que possible pour changer vos habitudes.

Qu'est-ce qu'une bonne posture ?

Avoir une bonne posture, c'est être aussi droit que possible, mais tout en étant détendu. C'est une position que vous pouvez tenir facilement car elle doit être confortable.

☞ Positionnez-vous debout, les pieds légèrement écartés de la largeur de vos hanches.
☞ Redressez la tête sans la rejeter en arrière. Imaginez qu'un fil part du haut de votre crâne et vous relie au ciel.
☞ Redressez les épaules pour dégager la cage thoracique, sans non plus les tirer trop en arrière.
☞ Placez votre bassin en gardant le dos droit, sans vous cambrer.
☞ Portez votre regard loin devant vous.
☞ Respirez calmement, souriez.
☞ Et marchez en avant, calme et droit.

Vous tenir droit et avoir une bonne posture conditionnent la confiance en soi. **On n'a jamais vu quelqu'un qui a confiance en lui marcher en regardant par terre, les épaules rentrées et les mains dans les poches.** D'ailleurs, l'injonction « Sors tes mains de tes poches ! » est souvent associée à « Tiens-toi droit ! ». La confiance en soi ne se décrète pas, elle se construit. La façon de vous tenir est l'un des éléments qui la favorisent. Être droit donne plus d'équilibre, ce qui vous permet d'être plus stable donc moins vulnérable.

Adopter une bonne posture, c'est un réflexe simple pour être mieux dans sa tête et avoir davantange confiance en soi…

Vous tenir droit pour être plus performant

Les arts martiaux reposent sur cette question de l'équilibre. Celui qui a conscience de son point d'équilibre s'adapte et maîtrise son adversaire. De même, celui qui pratique l'équitation sait que le cheval n'obéira au cavalier que s'il est droit et bien assis sur la selle. Un cavalier bien positionné va diriger son cheval avec seulement quelques pressions, il est sûr de lui et transmet sa confiance à sa monture. Regardez comme le couple formé par un cavalier et son cheval, dans ce cas, est beau et élégant. Il en ressort une sensation d'harmonie impressionnante. Pour le danseur aussi, le premier devoir est de travailler sa posture parce que la construction du mouvement a pour préalable la solidité de l'axe. Dans *Billy Elliot*, film de Stephen Daldry sorti au cinéma en 2000, le professeur de dance du jeune Billy insiste sur la nécessité d'avoir une position juste, afin de trouver le bon équilibre pour aboutir à la grâce que demande la danse. Pour obtenir ce résultat, le jeune garçon doit accepter de s'entraîner jusqu'à ressentir l'équilibre à l'intérieur de son corps. Dans le film *Les Choristes*, de Christophe Barratier, sorti en 2004, nous voyons un professeur qui met le doigt juste au milieu du crâne du jeune chanteur pour lui faire rectifier sa posture. La voix ne peut s'exprimer avec un ton juste que si le corps est bien positionné.

Les avantages d'une bonne posture : les conseils d'Alex, coach sportif

Dans le domaine de l'exercice physique, le souci de la posture exacte, du geste juste, est depuis toujours au centre des préoccupations. Que l'on évoque les pratiques ancestrales comme le yoga indien ou bien les callisthénies grecques, ou encore les techniques modernes comme le Pilates, l'attention avec laquelle le mouvement est effectué par rapport à la posture tenue est essentielle.

Ce souci ne se limite d'ailleurs pas à ces disciplines dites d'entretien ou de bien-être. Il est aussi de premier ordre dans le milieu du sport. En effet, toute personne ayant un jour pris un cours de golf a pu se rendre compte de la précision de la posture avant de frapper la balle, ainsi que celle du swing. Cette posture juste permet d'éviter certains désagréments. Le golf est ici un bon exemple. Et attention au tour de reins en cas de faux mouvement !

Une posture, un geste juste, ont de nombreux avantages. D'abord au niveau de l'efficacité du mouvement en lui-même : la justesse de celui-ci permettra de l'effectuer sans gêne ou entrave mécanique (au niveau articulaire ou musculaire), et donc de manière plus efficiente. Mais les avantages sont également plus profonds. Ils sont multiples sur le plan physiologique : meilleur relâchement musculaire, régulation de la respiration, qui sera d'ailleurs plus profonde, donc meilleure oxygénation du corps, gain de flexibilité.

Il s'agit en fait d'un cercle vertueux mis en place par cette posture : celle-ci étant juste, le corps s'en trouve plus relaxé et plus efficace, ce qui rend possible à son tour une amélioration de la posture, etc.

« Tiens-toi droit ! » est une injonction qui, bien comprise, peut faire des miracles. Elle permet d'être en bonne santé et d'avoir un bon moral qui permet d'agir. Elle a aussi une action évidente sur la confiance en soi et au-delà, cela rend plus élégant, plus beau, permet d'être vu et de voir plus loin, même si on est petit. Le bénéfice est considérable pour un effort assez simple. Il est amusant de constater que dans les contes de fées, les sorcières sont bossues et les fées sont droites !

La position debout caractérise l'homme

N'oublions pas qu'il a fallu des millions d'années à l'homme pour devenir véritablement bipède, se tenir droit. Le plus gros a été fait, nous n'avons qu'à nous en souvenir ! C'est cet homme debout, redressé, qui a pu évoluer comme il l'a fait au cours des derniers siècles. Tous les dessins représentant l'évolution de l'homme (souvent approximatifs d'un point de vue scientifique d'ailleurs !) montrent une progression dans la posture d'un être qui, au départ est celle d'un cousin du singe, et qui se redresse petit à petit (sur des millions d'années) pour finir par ressembler à ce que nous sommes aujourd'hui, des bipèdes avec un dos droit et une tête relevée. Cette évolution a permis l'acquisition par l'homme de plus grandes capacités pour se nourrir, pour se défendre, et avoir une vision plus large de son environnement. La position debout, droite, est une différence fondamentale entre l'animal et l'homme. L'une des premières vertus de cette position est la possibilité de prendre de la hauteur et de voir loin, ce qui a été très utile pour repérer les proies et les chasser, pour voir les prédateurs et s'en défendre, ainsi que pour mieux appréhender son environnement et donc se déplacer. Cet avantage a permis à l'humanité de conquérir et dominer le monde. Dans le conte *La Belle et la Bête*, le personnage de la Bête a été puni et a perdu son humanité en devenant une bête courbée avant d'être délivré par le regard de la princesse.

Vous tenir droit favorise la confiance en soi

Ne disons-nous pas que lorsqu'une prise de décision s'impose, mieux vaut prendre de la hauteur ? C'est en grimpant la nuit en haut d'un arbre que le Petit Poucet, perdu avec ses frères dans la forêt, a aperçu la lumière de la maison de l'Ogre et a ainsi pu trouver la direction à pendre.

De nos jours, se tenir droit n'est plus se tenir raide comme au XIXe siècle, époque où les femmes portaient des corsets qui les empêchaient de respirer. Au contraire, se tenir droit doit favoriser la respiration qui, nous le savons, permet de réguler le système nerveux. À une époque où nous prônons le respect du corps, être droit se combine avec la souplesse et l'aisance. Il est évident que la manière dont vous vous tenez conditionne l'image que vous donnez de vous. Par la posture, vous communiquez aux autres votre état intérieur, dont découlera l'image qui vous sera renvoyée de vous-même.

Avoir une posture de repli indique une position de fermeture à la relation par peur, désintérêt ou inhibition. Le dos courbé vous positionne en victime comme si vous portiez toutes les misères du monde et que vous aviez peur de recevoir des coups, tel Atlas, dans la mythologie grecque, qui porte le monde sur ses épaules et ne peut se redresser.

Amy Cuddy, chercheuse américaine réputée en psychologie et diplômée de l'Université de Princeton, démontre comment notre posture influence notre cerveau. En partant d'une observation éthologique sur le monde animal, on observe que lorsqu'un animal affirme sa *dominance* sur un congénère, il le fait en adoptant une posture qui le fait paraître plus grand, plus gros, ou plus fort. Il en est de même chez l'être humain. Les aveugles adoptent le même type de comportement alors qu'ils n'ont pas pu l'observer, cela va donc au-delà du comportement mimétique. Par exemple, mettre les mains sur les hanches et lever les bras au ciel après une victoire sont des postures universelles de *dominance*. À l'opposé, la position repliée du corps est un signe de soumission. Amy Cuddy et son équipe ont demandé à des sujets de mimer les postures de *dominance* pendant deux minutes et de déposer ensuite de la salive dans une éprouvette pour voir si le taux de certaines hormones avait changé. L'hormone la plus associée à la *dominance* est la testostérone, celle associée au stress est le cortisol. L'expérience montre la différence des dosages avant et après la prise de la position dominante par les sujets : une hausse du taux de testostérone et une baisse du taux de cortisol. En parallèle, on constate des fluctuations inverses pour des sujets auxquels on a demandé de prendre une posture repliée, une position de soumission. Pour démontrer comment notre posture influence notre cerveau donc nos comportements, Amy Cuddy a demandé à des sujets de reproduire artificiellement les postures de domination, afin de voir si cela pouvait changer leur attitude de façon plus durable. La conclusion de cette expérience est que faire semblant permet de modifier les dosages hormonaux et que l'expérience, lorsqu'elle est fréquemment renouvelée, modifie considérablement le rapport de l'individu aux autres. Celui-ci devient plus confiant, plus enthousiaste, plus présent, plus séduisant. Il obtient de meilleurs résultats et plus de succès dans ses différentes activités, et cela de façon significative.

Posture et visualisation

On dit souvent « Bien dans son corps, bien dans sa tête », ce qui signifie qu'être bien physiquement permet de l'être mentalement. À ce sujet, j'ai eu la chance de rencontrer Myriam, une personne paraplégique qui m'a expliqué comment elle s'était servie de cette phrase pour vivre ce qu'elle vivait aujourd'hui : elle parcourait le monde comme coach sportive pour entraîner des nageurs handicapés. Suite à un accident, elle ne pouvait plus marcher et a passé plusieurs mois très déprimée. Elle s'est alors mise à rêver et à se visualiser en train de marcher dans la nature, de danser et de nager. Son état de santé s'est par la suite très nettement amélioré. Et surtout, son moral l'a conduite à entreprendre ses nouvelles activités et à voyager. La visualisation fait aujourd'hui partie de l'entraînement des sportifs qui travaillent par l'imagination sur l'objectif à atteindre.

Chapitre 3

LE REGARD : DEUXIÈME PILIER DU SAVOIR-VIVRE

« Il y a une naissance simultanée de nos yeux et du monde, un sentiment de "première fois" où ce qui regarde et ce qui est regardé se donnent le jour. »
CHRISTIAN BOBIN, écrivain

« Regarde-moi dans les yeux ! » Pourquoi est-il si important de se regarder alors que soutenir un regard peut être dérangeant voire très pénible ? Nous avons un grand nombre d'adjectifs pour qualifier la qualité ou la nature d'un regard. On parle de regards vifs, inquiets, francs, fuyants, enveloppants, tueurs, aimants, vides, en coin, torves, fixes... Ces quelques adjectifs sont un pâle aperçu de ce que l'on peut ressentir à travers un simple regard, celui-ci étant un indicateur de l'état émotionnel d'une personne et aussi du message qu'elle envoie, plus ou moins consciemment, à un certain moment, à une autre personne. On dit qu'un regard peut tuer. S'il peut tuer, c'est parce qu'il peut aussi donner la vie.

Le regard construit

Le regard, indispensable pour grandir

> *« La possibilité de vivre commence dans le regard de l'autre. »*
> MICHEL HOUELLEBECQ, *Les Particules élémentaires*

En arrivant au monde, nous sommes des êtres faibles et fragiles, dépendants des autres, dans un état d'impuissance et d'insécurité. C'est ce que les psychanalystes appellent « l'état de détresse du nourrisson ». Le bébé est d'entrée de jeu confronté à la peur de disparaître. À cause de cette faiblesse ontologique, le chemin de construction de l'individu passe par le regard de l'autre. Devant l'univers inconnu dans lequel il baigne, le bébé va chercher des repères car cela est indispensable à sa survie. Il a heureusement des capacités sensorielles et interactionnelles qui lui permettent d'entrer en contact avec sa mère et les individus qui l'entourent. Comprendre à quel point les peurs du nourrisson sont parfois proches d'une angoisse extrême permet de mesurer l'importance pour lui de rencontrer le regard de l'autre. Plus tard chez l'adulte, il se peut que ces peurs ressurgissent quand il est confronté à la perte de l'attention et du regard de l'autre (nous en trouvons d'ailleurs l'illustration dans de nombreuses chansons d'amour). Selon le pédiatre britannique Donald Winnicott, il faut penser le bébé comme un être immature plongé en permanence dans une angoisse inimaginable. Celle-ci pourrait être représentée ainsi :

- se morceler ;
- ne pas cesser de tomber ;
- ne pas avoir de relation avec son corps ;
- ne pas avoir d'orientation.

Ces angoisses laisseront des traces qui s'exprimeront de différentes manières chez l'adulte lorsqu'il se trouvera en souffrance par rapport à sa survie psychique.

Le regard de l'autre, du « Grand Autre » comme le nomme le psychanalyste Jacques Lacan, est constitutif du sentiment d'exister de l'être humain, dès sa naissance. À sa naissance, le bébé est doté de capacités sensorielles et interactionnelles dont il se sert pour appréhender son entourage et le monde autour de lui. L'une des principales capacités sensorielles est la vision avec bien entendu l'odorat, le goût, l'audition et le toucher. D'un grand nombre de travaux à ce sujet, et notamment ceux du psychologue canadien Paul-Samuel Greenman, il ressort que le nouveau-né humain explore son environnement de manière active et qu'ainsi il peut organiser sa perception de celui-ci.

Le regard du bébé, dès la période néonatale, apparaît comme une manière dont il peut développer la force du lien affectif entre sa mère et lui-même au cours des interactions entre eux. On peut schématiser ainsi la façon dont se passe l'interaction du bébé avec sa mère :

Perception / Sensation

⬇

Réaction

⬇

Réponse de l'autre

⬇

Interprétation de la réponse

⬇

Création d'une pensée (image, forme)

⬇

Action

Cette possibilité d'interaction permet au bébé de faire connaissance avec le monde par le biais d'un autre, de l'apprivoiser et, si tout va bien, d'y trouver sa place.

Daniel Stern, dans *Mère-enfant, les premières relations*, constate que l'utilisation que la mère fait de son visage, de sa voix, de son corps et de ses mains, constitue le premier contact du nourrisson avec le monde humain. Le sourire et l'expression d'intérêt servent à maintenir et à moduler une interaction en progrès. La fin de l'interaction se caractérise ainsi par le froncement des sourcils avec un détournement de la tête et a fortiori du regard, ce qui est un signal pour interrompre au moins provisoirement une interaction qui n'a plus d'effet sur le bébé comme sur la mère. L'évitement d'une interaction sociale se traduit par un visage neutre ou sans expression, spécialement avec une aversion du regard. Stern souligne le caractère inné à travers toutes les cultures des expressions fondamentales du visage traduisant des émotions telles que la crainte, la colère, la joie, la surprise, le dégoût.

Si nous établissons une comparaison avec la façon dont nous, adultes, regardons et souhaitons être regardés, il est aisé de comprendre l'impact du regard sur la construction de l'identité. On entend parfois les expressions suivantes : « J'ai l'impression qu'elle ne me voit pas », « J'ai le sentiment d'être transparent à ses yeux », « Il m'a déshabillé du regard », « Sa façon de me regarder me met mal à l'aise ». Ces expressions courantes sont révélatrices de la place que nous donnons au regard de l'autre. Avoir l'impression d'être transparent donne le sentiment de ne pas être intéressant.

Au début de sa vie, le tout-petit croit que, s'il ne nous voit pas, nous ne le voyons pas non plus. Le tout-petit n'a pas le sentiment de la permanence des objets. Il est donc logique que, s'il ne nous voit pas, nous ne sommes plus là ; voire, si nous ne le regardons pas, il n'est plus là. Il lui faut du temps pour comprendre et ne plus souffrir de l'absence temporaire de ses parents.

Le lien est très fortement établi entre le regard et l'amour. Le regard rend réel, l'absence de regard « déréalise ». Enfant ou adulte, celui vers qui convergent tous les regards peut avoir le sentiment d'être le centre du monde. Beaucoup d'enfants cherchent à accaparer l'attention pour renforcer ce sentiment d'exister qui donne confiance en soi. Pour avoir été trop ou pas assez regardés, certains adultes vont rechercher par le biais de leur réussite professionnelle, de leur apparence physique, de leur dévouement, à être vus à tout prix.

Si tu ne me regardes pas, je n'existe pas

« Tant que l'on n'a pas été contenu en un regard, a-t-on la vie ? A-t-on la vie si personne encore ne nous a aimé. »
Gabrielle Roy, *La Montagne secrète*

Un grand nombre de femmes déplorent que leur mari ne les regarde plus. On entend souvent : « J'ai l'impression d'être une plante verte, il ne remarque même pas mes nouveaux vêtements ou quand je suis allée chez le coiffeur. » Lorsqu'elles en font le reproche à leur mari, celui-ci répond : « Mais je t'aime comme tu es, tu es belle de toute façon ! » Cette réponse censée les rassurer les agace encore plus. Au-delà de l'agacement, c'est une véritable inquiétude qui est souvent ressentie. Ne pas être regardée équivaut à ne pas être reconnue, à ne pas avoir d'existence spécifique, de cela découle le sentiment d'être un meuble, c'est-à-dire un objet inerte. **Le regard de l'autre anime, donne vie.** « Comment peut-il me dire que je suis belle s'il ne me regarde pas ? »

Regarder est une action, un mouvement qui suppose une intention. De l'intention découle l'attention qui sera portée à l'objet regardé. Perdre le regard, c'est perdre l'attention donc perdre l'amour. Quelqu'un qui aurait été privé de ce regard inconditionnel que porte une mère à son enfant passera sa vie à le chercher dans le regard des autres, notamment dans celui de son conjoint. Cette personne aura plus de mal qu'une autre à se remettre d'un chagrin d'amour. La perte du regard de l'amoureux provoque chez ces personnes plus qu'un chagrin, un sentiment de dévalorisation, parfois même d'effondrement. Quand une personne est particulièrement fragile sur ce plan, cela peut aller jusqu'à une décompensation psychique avec des idées délirantes qui peuvent même conduire à détruire celui qui s'est détourné. D'autres, au lieu de chercher le regard de l'autre, préféreront s'abstenir de peur de revivre une trop grande souffrance dont ils n'ont souvent même pas un souvenir très conscient. Au moindre risque d'attachement, la peur prendra le dessus et ils prendront la fuite.

Les neurones miroirs

Depuis quelques années, l'impact du regard sur la relation et le développement humain est étudié à travers la découverte des neurones miroirs. Selon le professeur Jean-Michel Oughourlian, si nous pouvons communiquer avec autrui, c'est grâce à nos neurones miroirs : « Sans eux nous serions psychotiques ou pervers, dans l'incapacité d'être en empathie. Sans neurones miroirs, il n'y aurait pas de relation, pas de culture, pas d'humanité. »

Les neurones miroirs sont des neurones moteurs d'un genre particulier. Actifs dès la naissance, ils permettent de se voir agir à la place de l'autre, comme dans un miroir. C'est pourquoi les bébés imitent très tôt. La caractéristique de ces neurones est de s'activer non seulement lorsqu'on exécute une action, mais aussi lorsque l'on observe un autre individu exécuter la même action.

C'est en étudiant quelles étaient les zones du cerveau activées chez le singe lorsqu'il effectuait certains gestes que Giacomo Rizzolatti, neurologue et directeur du département de neurosciences de la faculté de Parme, a découvert avec son équipe l'existence de ces neurones miroirs. Il s'est aperçu que les mêmes zones du cerveau étaient activées alors que le geste était accompli par un homme en face de lui : la vue d'un membre de l'équipe en train de prendre une part de pizza a activé les mêmes zones que celles qui l'étaient lorsque lui-même faisait ce geste. En octobre 2007, des spécialistes du PET Scan et des psychiatres, dont Boris Cyrulnik, ont présenté à l'hôpital américain de Neuilly l'expérience suivante : pendant qu'un pianiste joue, il apparaît sur l'écran du scanner une véritable symphonie de couleurs qui révèle la complexité de ce qui se passe dans son cerveau. Le plus extraordinaire est qu'il se passe la même chose dans le cerveau d'un autre pianiste assis à côté de lui qui ne fait qu'écouter. En revanche, dans le cerveau d'un non-pianiste, la résonance n'est pas aussi riche.

Chaque fois que nous voyions une autre personne agir, des neurones miroirs s'allument dans notre cerveau, comme ils le font dans le sien. Nous avons tous eu l'occasion de remarquer que lorsqu'une personne bâille en face de nous, cela déclenche quasi automatiquement chez nous une envie de bâiller. C'est apparemment grâce aux neurones miroirs que notre appareil neuronal s'est structuré pendant les toutes premières années qui ont suivi notre naissance, par imitation de nos parents ou des personnes qui ont pris soin de nous. La personne dont le processus de mimétisme ne se mettrait pas en place ne pourrait ressentir les sensations d'autrui et ne pourrait donc communiquer avec lui. Cela pourrait conduire à faire du mal à l'autre, voire à le torturer sans éprouver aucun état d'âme, par manque d'empathie.

Pour le professeur Rizzolati, c'est la capacité d'imiter qui permet la culture. Notre système miroir limbique, lié à la reconnaissance du comportement affectif, s'active normalement lors de la perception ou l'évocation d'une souffrance, d'une joie, d'une peur. On observe que lorsque, dans un groupe d'enfants, on donne à manger à l'un d'eux un aliment amer, les autres qui l'observent vont automatiquement reproduire la grimace de dégoût de celui-ci, comme s'ils avaient eux-mêmes mangé l'aliment. Une personne peut ressentir la douleur d'une autre en voyant sa souffrance. On appelle donc aussi les neurones miroirs les « neurones de l'empathie ». Leur rôle principal est de comprendre les gestes moteurs effectués par l'autre en les comparant à son propre répertoire moteur. Ils permettent de comprendre le geste et le but poursuivi par celui-ci. Ils permettraient donc d'entrer en relation avec l'autre et aussi de comprendre son point de vue et ce qu'il ressent. Les neurones miroirs sont actifs lorsque le sujet effectue un acte moteur précis, observe un autre sujet effectuer un acte similaire, entend un autre sujet effectuer un acte similaire, pense que l'autre va effectuer la même action, etc. Le système des neurones miroirs permet au cerveau d'un individu de faire le lien entre son propre programme moteur et l'action motrice réalisée par un autre. Ainsi, il peut par observation et imitation enrichir sa palette de compréhension et de sensations.

La vue influence les comportements

La publicité a, bien avant la découverte des neurones miroirs, compris et utilisé le regard, la vue pour influencer l'individu dans des actes d'achat et de consommation. Allen Carr, un Anglais à l'origine d'une des méthodes les plus célèbres pour arrêter de fumer (*La Méthode simple pour en finir avec la cigarette*), a étudié les raisons qui ont conduit les fumeurs à commencer à fumer. Il a déduit de ses nombreux entretiens avec des fumeurs que si le fumeur fume, c'est parce qu'il a vu les autres le faire. Il s'agit selon lui d'un conditionnement essentiellement visuel. Le geste de fumer a été pendant longtemps associé à des émotions et à des situations (plaisir, convivialité, créativité, liberté, réconfort…). Le cinéma, grâce à son fort impact visuel et émotionnel, a été un vecteur formidable de ce conditionnement. Voir quelqu'un boire une bière fraîche ou manger une glace en gros plan sur un écran de cinéma déclenche chez le spectateur le désir de ce qu'il voit, au point même qu'il salive. Depuis toujours, on utilise l'expression « Il faut donner le bon exemple » parce que nous savons que ce que l'enfant retient, c'est ce qu'il voit, ce que traduit l'expression « Je crois ce que je vois ».

Regarder quelqu'un dans les yeux, c'est tout d'abord reconnaître son existence, et c'est aussi lui signifier que l'on est en relation avec lui. Une personne qui n'a pas été regardée enfant ou regardée avec mépris en gardera des séquelles importantes au niveau de son estime et de sa confiance en elle. Selon son caractère et son histoire, elle sera une personne qui s'effacera toujours avec un sentiment d'infériorité ou une personne qui fera tout pour se faire remarquer. Dans les deux cas, ce dont il s'agit, c'est la quête de la preuve de son existence et de son intérêt.

SE REGARDER POUR SE CONNAÎTRE

Le témoignage de Marie-Catherine, 69 ans, gérante de société

« J'attendais dans la salle d'attente et observais le va-et-vient du médecin spécialiste, sa liste en main, appelant à tour de rôle le patient suivant. Puis, à intervalle régulier, la sortie du même patient suivie de l'appel du suivant selon un rythme qui m'a semblé d'autant plus mécanique que le médecin ne quittait pas sa liste des yeux.

Il appela enfin mon nom. J'entrai dans une petite pièce impersonnelle comme savent en produire nos grands hôpitaux. Le médecin, après une poignée de main rapide, prit place derrière le petit bureau et commença à consulter mon dossier puis interrompit brusquement sa lecture comme si quelque chose le gênait dans le déroulement de son travail. Je vis son regard interrogateur qui se leva vers moi. J'étais debout devant son bureau.
– Oh pardon ! je vous en prie, asseyez-vous !
– Merci.

Le simple fait d'avoir attendu son invitation pour m'asseoir a tenu à distance la mécanique d'une journée de consultation bien chargée et a replacé notre humanité au centre de ce rendez-vous. Nous nous sommes souri. Il n'était plus seulement le sachant, je n'étais plus seulement le patient et le « rendez-vous » a pu commencer. C'est-à-dire la vraie rencontre entre une personne médecin et une personne malade venue le consulter.

Au-delà de l'observation des convenances, du respect de soi et de l'élégance de nos comportements, la politesse met en jeu l'altérité. Il n'y a de politesse que parce qu'il y a présence de l'autre et attention à l'autre ; c'est un savoir-vivre en société, une ouverture à l'autre qui permet la rencontre.

Cette attention à soi et à l'autre est une attention à notre singularité, à notre essence, à ce qui fait notre humanité. Sans attention particulière, le respect des règles de comportement relèverait plus, comme pour un animal, d'un dressage subi. En faisant l'effort de régler mon attitude selon cette exigence d'attention je m'élève vers le meilleur de moi-même et reconnais en l'autre cette même possibilité d'élévation qui crée la rencontre à la fine pointe de notre humanité, dans ce qu'elle a de plus quotidien et de plus ordinaire. »

Le regard définit les rôles et identifie

« Oh, il n'y a pas plus bavard qu'un regard.
On vous a dit tout p'tit, les bons points et les fautes.
Moi, j'ai appris la vie dans le regard des autres. »
JEAN-JACQUES GOLDMAN, « Le Regard des autres »
(pour Johnny Hallyday)

Le regard donne à l'enfant le sentiment de sa propre valeur, l'idée qu'il a de lui. Il ne suffit pas d'avoir été regardé ; la manière dont on a été regardé a aussi un impact réel sur l'image que la personne aura d'elle, et sur un certain nombre de comportements qu'elle adoptera.

Un regard qui dévalorise

Le regard peut dévaloriser et faire beaucoup de mal à une personne, surtout un enfant en train de se construire. L'histoire d'Aldo, aujourd'hui adulte, est révélatrice de l'impact négatif du regard des autres sur soi.

Aldo a toujours eu le sentiment d'être inintéressant. Il dit que tout le monde l'aime bien mais que personne ne fait vraiment attention à ce qu'il dit. *« Les gens sont gentils avec moi mais j'ai l'impression que si je n'étais pas là personne ne s'en apercevrait. »* Il est celui que l'on oublie d'inviter parfois. Quand il part avant les autres, personne ne s'en aperçoit. Il souffre beaucoup de ce fait. Il dit : *« À la maison, c'était pareil, mes frères étaient baraqués, ils parlaient fort, moi j'étais plus chétif et n'aimais pas les cris, je restais tranquille dans mon coin. Mes frères et mon père se moquaient de moi parce que je ne m'intéressais pas au sport. J'étais dans ma chambre à jouer avec mes Lego. »* Les grands-parents d'Aldo viennent d'une région pauvre d'Italie. En arrivant en France, ils ont beaucoup travaillé. Ils ont monté une entreprise dans le bâtiment qui est devenue aujourd'hui, après les efforts de trois générations, une très belle entreprise. L'autre passion de la famille et surtout des hommes de la famille, est le football. Aldo n'était intéressé ni par le bâtiment ni par le foot. Son père le méprisait pour cela car pour lui, ce n'était pas un comportement d'*« homme »*. Depuis toujours il se sent à part. Sa mère le défendait toujours quand il était petit parce qu'elle le pensait faible mais elle était désolée qu'il soit comme ça. Enfant, Aldo se faisait discret par peur des représailles, sous forme de moqueries ou de regards méprisants. La dévalorisation qu'il a lue dans le regard des membres de sa famille l'a conduit à être *« transparent »*, par manque de confiance en lui.

Le regard qui détermine la place de chacun

Dans l'exemple qui suit, je souhaiterais vous montrer à quel point le regard a un impact encore plus fort que d'être juste bon ou mauvais. Le regard peut déterminer la place que l'on doit avoir dans une famille, quel avenir on espère pour nous, etc.

Georges et Pierre font partie d'une famille de trois enfants. Leur père, un industriel, n'a considéré que le fils aîné, Pierre, qu'il voyait comme son successeur. Celui-ci était grand, sportif, charmant et séducteur, avec une grande facilité dans les relations humaines. Il était l'enfant chéri, paré de toutes les qualités pour ses parents et grands-parents. Georges est le deuxième enfant avant une plus jeune sœur, Marie. Il était plus petit que son frère, et plus discret. Il a réussi de brillantes études dans une grande école d'ingénieur et était très apprécié par ses amis, car fidèle et honnête. Malgré cela, ses parents ont conservé de lui l'image d'un enfant chétif, discret et peu intéressant. C'est à Pierre qu'ils ont confié l'entreprise familiale qui, après une suite de mauvaises décisions, a fait faillite. Pour ses parents, Pierre n'a pas eu de chance. Georges, quant à lui, a fait une carrière honnête, selon l'expression, dans une administration. Suite à la faillite de l'entreprise familiale, il a été le soutien financier de ses parents et de son frère. Rien de dramatique dans cette histoire ! Pierre, sous le poids du regard de ses parents, et pour être à la hauteur, s'est trouvé inconsciemment dans l'obligation de jouer un rôle qui au fond ne l'intéressait pas ; ce qu'il aimait, c'était les voitures, et il aurait voulu être garagiste. Georges a été épargné par leur attente, ce qui lui a permis de vivre la vie qu'il a choisie.

Nous voyons ici un enfant adulé, porté aux nues, en plus grande difficulté que son frère, plus délaissé. Parce que, dans le regard, il y a aussi l'attente de celui qui regarde. Le cas suivant, celui de Myriam, a beaucoup de similitudes avec l'histoire de Pierre.

Myriam est une jeune femme belle et apparemment sûre d'elle. Elle est depuis petite douée pour jouer au tennis. Son père l'entraîne depuis son plus jeune âge et elle a le sentiment d'avoir toujours été regardée par rapport à ses capacités physiques de performances et non selon sa personnalité profonde. Elle avoue qu'elle a beaucoup aimé jouer au tennis pendant les premières années et qu'ainsi elle avait tout l'intérêt de son père, contrairement à ses sœurs et à son frère qui n'avaient pas ses dons. Au fil du temps, elle a eu le sentiment d'être prise au piège car, si elle arrêtait de s'entraîner, son père ne la regarderait plus comme avant et elle perdrait donc cette relation privilégiée. Plus de regard, plus de lien ! Dans l'impossibilité de décevoir, son corps a pris le relais et elle a commencé à être de plus en plus souvent blessée, jusqu'à devoir arrêter.

Que n'est-on capable de faire pour conserver le regard de l'autre ? L'histoire de Myriam nous montre à quel point il nous importe en nous confirmant l'intérêt que nous suscitons chez l'autre.

Être regardé à tout prix : une question de survie

> *« C'est que personne n'est rien sans le regard des autres. »*
> JEAN-JACQUES GOLDMAN, « Le Regard des autres »
> (pour Johnny Hallyday)

L'histoire de Sandra est révélatrice du besoin que nous avons à être regardé, car être regardé, c'est être aimé en quelque sorte.

Sandra avait 22 ans lorsqu'elle a été remarquée et choisie par David, un milliardaire de trente ans son aîné. Elle est devenue la quatrième épouse de cet homme qui avait été marié avec des vedettes de cinéma dont il avait divorcé sans délicatesse. Elle est amoureuse de cet homme hors du commun, qu'elle admire beaucoup mais elle comprend très vite que, même s'il est très amoureux d'elle, il y aura un prix à payer pour le garder. Il lui a dit un jour avec sa franchise légendaire : « *Tu as intérêt à rester belle.* » Cela a été dit sur le ton de l'humour, mais elle ne s'y est pas trompée. Elle a perçu cet avertissement : pour le conserver, elle devrait toujours être drôle et belle. Sandra dit qu'elle n'a jamais été valorisée par le regard de ses parents qui la trouvaient moche parce qu'elle ressemblait à un « *grand échalas* ». Elle était magnifique dans les yeux de David, et avait eu la chance d'être remarquée et aimée par lui. Elle était prête à tout pour conserver son regard et son amour.

Il n'y a pas une saison qui passe sans que de nombreux magazines nous promettent des solutions pour une vieillesse retardée ou un corps plus mince. L'enjeu reste le reflet dans le miroir et le regard des autres. J'ai eu un jour l'occasion d'assister à la scène suivante dans le métro : un jeune homme qui proposait sa place à une dame dans le métro s'est entendu répondre : *« Merci, mais j'ai l'air si vieille que ça ! »* Le regard de l'autre est aussi un miroir. Nous existons parce que nous sommes vus et ce regard nous donne une vision particulière de nous, qui peut être aussi bien positive que négative. Dans les contes de fées, c'est le regard du prince ou de la princesse qui redonne vie aux personnages endormis. Blanche-Neige et la Belle au bois dormant sont réveillées, ramenées à la vie, grâce au regard et au baiser du Prince.

Dans le conte *La Belle et la Bête*, c'est le regard d'amour que la Belle porte sur la Bête qui aide celle-ci à se redresser pour redevenir le beau prince qu'il était avant d'être ensorcelé : « Quand la Belle regarda à nouveau la Bête, elle avait été changée en un prince qui lui expliqua avoir été maudit par une sorcière, cachant sa beauté et lui interdisant d'utiliser son esprit. Seule une personne capable de passer au-dessus de cela pourrait briser le charme. »

En ce sens le regard a quelque chose de magique car il peut transformer. À l'époque du cinéma muet, c'est seulement à travers les expressions de visage, les mimiques et les regards que les acteurs exprimaient les intentions et les émotions. Dans ces films, nous n'avons aucune difficulté à décoder et ressentir les émotions des personnages. Le Charlot joué par Charlie Chaplin sait aussi bien nous faire rire que nous émouvoir par ses pantomimes et par ses regards étonnés, joyeux ou tristes. Sur l'affiche du film *Le Kid*, la tristesse et la fatalité se lisent dans le regard des deux personnages.

Être regardé n'est pas toujours confortable quand le regard est désagréable, humiliant, rabaissant ou désapprobateur. Il peut aussi mettre mal à l'aise quand il est trop appuyé. Les tout-petits regardent les personnes sans vergogne car ils cherchent à décoder et à comprendre et ils n'ont pas encore tout à fait conscience que cela peut embarrasser ou déranger l'autre. C'est cette limite qu'ils apprendront plus tard à respecter en détournant parfois les yeux pour ne pas mettre l'autre mal à l'aise. Il arrive que certaines situations nécessitent de baisser les yeux. Combien d'enfants ont entendu « Baisse les yeux ! » par leurs parents ou leurs professeurs ? Dans ce cas, continuer à regarder l'autre en face est pris pour de la provocation.

« Permettre à son regard de s'attarder sur le visage de quelqu'un est déjà une façon ouverte de le défier. »
ROBERTO SAVIANO dans le film *Gomorra* (2008)

Les boxeurs, avant de s'affronter, se défient du regard. Cela leur permet d'une part d'intimider l'adversaire et d'autre part de prendre la température de l'état émotionnel de celui-ci. Ce type de regard est associé à une posture de conquérant par laquelle chacun cherche à impressionner l'autre. Lors des matchs de rugby, les All Blacks, célèbre équipe néo-zélandaise, ont un véritable rituel appelé le Haka pour se galvaniser et faire peur à l'équipe adverse. Dans une sorte de danse guerrière, ils portent un regard farouche sur leur adversaire auquel ils associent une gestuelle agressive et des cris de guerre. Des rugbymen qui ont joué contre eux confirment que cela est très impressionnant.

Comment oses-tu me regarder !

Lorsque j'étais étudiante, je travaillais comme animatrice de centre de loisirs. J'ai eu l'occasion d'assister à une scène entre deux enfants. Nous étions dans la cour du centre de loisirs, les enfants jouaient et nous, les animateurs, étions en train de les surveiller tout en bavardant. D'un seul coup une bagarre a éclaté entre deux petits garçons, alors même que nous avions le regard sur eux. Nous étions très surpris de la soudaineté avec laquelle l'un des deux s'est rué sur l'autre en l'agrippant par le col. Nous sommes intervenus et leur avons demandé quelle était la cause de leur querelle. Celui qui s'était jeté sur son camarade a répondu, très en colère : *« Il m'a regardé ! »* Nous avons éclaté de rire en lui disant : *« Alors comme ça, on n'a pas le droit de te regarder ?! »* Lui a répondu têtu : *« Oui mais il m'a regardé ! »* Il s'agissait d'un garçon doux, gentil mais avec des réactions impulsives. L'autre enfant était assez malin, « on lui aurait donné le bon Dieu sans confession », comme on disait dans le temps. Il faisait aussi des bêtises mais ne se faisait jamais attraper. Il avait souvent un petit sourire de défi. Il y avait sûrement un passif entre eux. Le premier des deux n'était pas du genre à dénoncer ou à se plaindre aux moniteurs. Cela, le deuxième l'avait très bien compris et savait ce qu'il allait déclencher en le regardant avec un air provocant et ironique accompagné d'une parole blessante inaudible pour ceux qui étaient autour (par la suite nous avons su qu'il s'agissait de moqueries concernant sa famille). Il savait que l'autre, par sa réaction, se mettrait dans son tort. Si nous n'avions pas eu conscience de cela, après avoir subi notre éclat de rire, il aurait été puni. *« Tu ne vas quand même pas te jeter sur quelqu'un qui t'a simplement regardé ! »* Nous en avons parlé entre nous et avons décidé de les réunir pour leur dire que nous n'étions pas dupes mais que ce n'était pas une façon de réagir.

Dans tous les films retraçant des scènes de combat, le regard a une place importante dans le défi que se lancent les adversaires. Le film *Il était une fois dans l'Ouest*, de Sergio Leone, sorti en 1969, présente une scène impressionnante connue de tous où les adversaires se confrontent du regard pendant de longues minutes, augurant de la violence du duel à venir. On retrouve ce type de scènes où les individus se défient du regard dans de nombreux westerns.

Lorsqu'elle était enfant, je disais toujours à ma fille qu'elle devait regarder les gens dans les yeux quand ils lui parlaient. Un jour, alors qu'elle se faisait gronder par une surveillante, elle continuait à la regarder bien en face, pensant que cela était juste. Après lui avoir dit « Baisse les yeux », la surveillante l'a punie car elle a pris l'absence de réaction de ma fille pour de l'insolence. J'ai dû expliquer à ma fille certains codes à respecter concernant le regard.

Dans certaines civilisations, se regarder trop directement n'est pas correct. En France, le fait de regarder son interlocuteur dans les yeux est plutôt interprété comme un signe de franchise. Dans d'autres cultures, cela peut passer pour de l'arrogance, de l'insolence ou de l'agressivité. La direction des regards, comme la durée des contacts visuels obéissent à des règles en grande partie inconscientes et très variables culturellement. Une étude comparant le fonctionnement des négociations commerciales dans différents pays a montré que, dans le corpus de référence, la durée des contacts visuels représentait respectivement 13 % seulement de la durée totale de l'interaction pour les Japonais, 33 % pour les Américains et 52 % chez les Brésiliens.

Le regard révèle et cache en même temps. Combien d'études ont été menées pour tenter de percer le mystère contenu dans le regard et le sourire de *La Joconde*, célèbre tableau de Léonard de Vinci exposé au musée du Louvres !

Le regard intrigue et interpelle. Derrière celui-ci nous essayons de percevoir les pensées et les sentiments de l'autre. Savoir à qui l'on a à faire permet de se situer et même de se protéger si nécessaire. Le regard indique l'humeur, il est un indicateur de la nature et de la qualité de la communication que nous allons pouvoir établir ou non avec l'autre.

Le regard transmet des messages réconfortants et positifs

« Et c'est parfois dans un regard, dans un sourire,
Que sont cachés les mots qu'on n'a jamais su dire. »
Yves Duteil, « Les Choses qu'on ne dit pas »

Le regard qui donne confiance

L'histoire de Christophe montre à quel point un regard positif et aimant construit. Ses parents l'ont toujours regardé comme un bel enfant, malgré son handicap.

Christophe est un jeune homme de 25 ans, très joyeux, drôle, avec une grande confiance en lui. Il est né avec une jambe atrophiée. Ce handicap ne semble lui poser aucun problème d'image de lui. Il est appareillé depuis son enfance, a dû faire plusieurs séjours à l'hôpital en raison de sa croissance. Il a été très entouré par sa famille sans être pour autant plus gâté que son frère. Il dit : *« Je ne me suis jamais senti vraiment différent, je n'ai pas le souvenir que mes parents me regardaient différemment de mon frère. À chaque fois que j'ai eu des difficultés, leur regard me redonnait confiance. Ils ne faisaient pas comme si de rien n'était mais pas plus que si c'était un problème comme un autre. »* Christophe, à l'adolescence n'a pas eu de complexe par rapport à ses copains ou aux filles.

Le regard d'un parent peut être réconfortant pour l'enfant, qui comprend alors que ses émotions ne sont ni moquées ni minimisées.

Le regard qui encourage

Un simple regard peut encourager ou décourager. On lit dans le regard de l'autre ce qui est possible.

Gil était un enfant maladroit. On disait de lui dans sa famille qu'*« il ne sait rien faire de ses dix doigts »*. Il casse tout ce qu'il touche. Son surnom était Monsieur Catastrophe, à tel point que lorsqu'on l'emmenait chez sa grand-mère où il y avait beaucoup d'objets de valeur, il était prié de ne pas bouger ou d'aller dehors. Un jour, justement qu'il passait le dimanche chez cette grand-mère, un ami de celle-ci, antiquaire, était présent. Il avait dans la main un jouet ancien de collection, un objet rare. Gil regardait cet objet avec envie, et le Monsieur le lui a tendu en lui disant : *« Tu peux jouer avec. »* Alors qu'il allait s'en saisir, la mère de Gil a esquissé un mouvement en disant *« C'est gentil, mais il est maladroit, il va le casser »*. Alors l'ami de sa grand-mère s'est approché de Gil, l'a regardé dans les yeux et lui a dit : *« Prends-le, d'autres enfants par le passé ont joué avec, tu n'es pas plus maladroit qu'un autre et s'il se casse, ce n'est pas un drame. »* Gil se souvient avoir été ému par la tendresse qu'il a lue dans le regard de cet homme qui lui a fait confiance. Il l'a cru. Pour lui, enfant, un tel regard ne pouvait mentir : *« J'avais 7 ans et c'est lui que j'ai décidé de croire. C'est en partie grâce à lui et au regard qu'il a porté sur moi que je suis devenu chirurgien et que je n'ai plus eu peur de mal faire. »*

Un regard peut donner de la reconnaissance, de l'amour, de la confiance, du soutien et ce particulièrement dans un moment de fragilité. Malheureusement il a aussi le pouvoir de transmettre de la peur, de la haine, du mépris.

Le regard peut aussi servir à limiter le contact, dominer, contredire une parole

Le regard qui communique de la haine

Le regard d'un adulte sur un enfant n'est pas toujours rempli d'amour, comme le témoigne l'histoire de Christian.

Lorsqu'il était enfant, Christian passait les grandes vacances d'été chez sa grand-mère avec sa tante et les enfants de celle-ci à la campagne. Il a de bons souvenirs des jeux qu'il partageait avec ses cousins. Il se rappelle aussi qu'il était souvent puni de façon injuste et très sévère par sa tante. « *Quand elle me regardait, j'avais l'impression qu'elle m'aurait tué si elle avait pu. Je ne comprenais pas la haine qu'il y avait dans ses yeux, mais cela me faisait peur.* » C'est bien plus tard, à l'âge de 25 ans, qu'il découvrit la raison de cette attitude par la révélation d'un secret de famille le concernant. Cette tante avait eu une relation avec le père de Christian alors qu'elle avait 18 ans. Un garçon était né de cette idylle, que le père de Christian avait refusé de reconnaître. Cet homme a, deux ans plus tard, épousé la mère de Christian, qui avait alors un enfant de 18 mois et il a reconnu l'enfant. Cet enfant, c'était Christian et il ignorait que son père n'était pas son père biologique. En apprenant cette histoire, il a compris la haine qu'il lisait dans le regard de cette femme. Il a compris que de le voir lui rappelait qu'elle avait été méprisée et abandonnée par un homme qui avait préféré donner son nom à un enfant illégitime plutôt que de reconnaître son propre fils. Christian était, à son insu, le témoignage vivant et permanent de cette blessure.

Quand l'absence de regard sert à limiter le contact

Lorsque nous sommes capables de comprendre que « quelque chose cloche » sans que nous en sachions plus, on appelle parfois ce don notre « sixième sens ». En réalité, point de magie ! Nous sommes dotés pour la plupart d'un bon sens de l'observation. Un regard fuyant, par exemple, est souvent signe de malaise chez l'interlocuteur. Même si nous ne comprenons pas toujours les raisons d'une telle attitude chez l'autre, nous avons raison de nous fier à notre instinct et d'être vigilant. L'histoire de Clara en est une parfaite illustration.

Clara est orthophoniste et cherche à s'installer dans un nouveau cabinet. Suite à une annonce de partage de cabinet médical, elle se rend sur place pour visiter les lieux, en présence de l'occupante actuelle, médecin généraliste, qui recherche des associés. Elle se retrouve sur place avec deux médecins intéressés aussi par l'annonce. La personne qui fait visiter son cabinet accueille tout le monde poliment mais tout au long de la visite, elle ne regarde pratiquement pas Clara, qui, lorsqu'elle pose des questions, reçoit des réponses évasives. Elle repart perplexe et n'a plus de nouvelles alors qu'elle a manifesté son intérêt pour le lieu. Quelques semaines plus tard, le médecin la rappelle et lui demande si elle est toujours intéressée. Clara se permet de lui faire part de son interrogation quant à son attitude lors de la visite ainsi que du silence qui s'en est suivi. Ce médecin lui avoue alors qu'elle aurait préféré s'associer avec d'autres médecins mais que ceux qui avaient visité n'avaient pas donné suite. Clara n'a pu, bien que très intéressée, accepter cette offre. Elle a répondu à cette personne : *« Si vous me l'aviez dit franchement, j'aurais réfléchi. »* Pour elle, ce regard fuyant était de mauvais augure quant aux rapports avec une future associée.

Le regard qui écrase et domine

« Il m'a écrasé du regard, Je me suis senti tout petit. » Il faut se rappeler que lorsque l'on est enfant, on est par définition petit et un adulte, même de petite taille, est beaucoup plus grand que nous donc il nous impressionne. Le regard autoritaire ou en colère d'un adulte peut donner à l'enfant l'envie de rentrer dans un trou de souris par peur. Certains parents se vantent d'être obéis grâce à leur regard « cinglant ». Une personne qui aura eu, de façon récurrente, peur du regard de l'un de ses parents quand il était enfant rencontrera souvent quelques difficultés à s'affirmer devant des gens qui l'impressionnent. On retrouve ici la peur de l'anéantissement que peut ressentir le nourrisson. On entend dire : « Si elle avait pu, elle m'aurait tuée avec ses yeux. » La personne qui subit ce regard ne s'y trompe pas.

Anita a beaucoup de difficultés à développer sa carrière alors qu'elle est très qualifiée et a obtenu des diplômes prestigieux. « *À chaque fois que je me trouve devant un supérieur, j'ai du mal à soutenir son regard, surtout lorsqu'il ne me sourit pas* », me raconte-t-elle. « *J'ai l'impression d'être minuscule et je voudrais m'enfuir. C'est comme si c'était dangereux.* » Anita avait une mère très autoritaire et aucune consigne ne pouvait être contestée. « *Il suffisait qu'elle nous regarde pour que nous n'ayons même plus l'idée de discuter. Pourtant, elle ne nous a jamais battus. Dans son regard, il y avait de la détermination et de la violence.* »

Le regard ambigu, celui qui contredit

Rappelons-nous que chaque mot, chaque expression du visage, geste ou action de la part des parents donnent à l'enfant des messages sur sa valeur. On peut dire à un enfant : « Merci pour ce joli cadeau », en accompagnant cette phrase d'un regard ironique qui contredit le soi-disant compliment. L'enfant n'est pas dupe, car il faut se souvenir qu'avant la compréhension des mots, c'est par le regard qu'un enfant appréhende ce qui l'entoure. Très tôt, l'enfant apprend à décrypter les regards et les expressions des visages.

Lorsqu'elle avait 6 ans, Mathilda avait fabriqué un collier à l'école pour la fête des mères. Elle avait eu beaucoup de mal car elle n'aimait pas les travaux manuels. Le jour de la fête des mères, elle l'a offert à sa mère devant toute la famille, en espérant que celui-ci lui ferait plaisir. *« Merci ma chérie, c'est magnifique »*, lui dit sa mère. Mais le regard amusé de celle-ci et le clin d'œil qu'elle a fait à son père et aux grands-parents qui étaient présents n'ont pas échappé à Mathilda. *« Je sais que ma mère ne voulait pas me blesser, mais j'ai eu honte ce jour-là. »*

Regard et politesse

Érasme, philosophe humaniste du XVIe siècle, est l'auteur d'un traité de savoir-vivre à l'usage des enfants, *La Civilité puérile*, dans lequel il expose des préceptes de courtoisie et de politesse destinés à humaniser les enfants et leur inculquer le respect de l'autre et la bienveillance. Ces règles, bien que désuètes pour certaines d'entre elles, restent justes dans leur esprit. À propos du regard, il est dit qu'il faut que « le regard soit tourné vers la personne à qui on s'adresse, mais qu'il doit être calme et franc, ne dénotant ni effronterie, ni méchanceté ».

Nous savons ce qu'un simple regard peut contenir et transmettre. Il est le reflet de ce qu'on pense de l'autre et aussi de la place à laquelle on le situe. Il signifie qui est l'autre pour nous et aussi le désir ou non que nous avons d'entrer en communication avec lui ou de le comprendre. C'est pourquoi un regard peut aussi bien accueillir que rejeter. La base du savoir-vivre consiste à reconnaître que nous ne sommes pas seuls et que l'autre a de l'importance car nous devons vivre avec lui, en empathie. Regarder, c'est reconnaître ; savoir parfois détourner le regard, c'est aussi respecter les limites en soi et aussi celles de l'autre. Dans l'application des règles de politesse, **ce qui importe avant tout, c'est la considération réelle et le respect que l'on a pour notre semblable ainsi que le désir que l'on a de le connaître.**

L'histoire suivante est malheureusement banale : celle d'un traumatisme de l'enfance dont les conséquences dans les rapports sociaux et professionnels resurgissent des années plus tard, suite à un divorce et des difficultés de travail et de santé.

Lydie a 60 ans. C'est une femme élégante, un peu ronde, raffinée. Elle a été l'épouse d'un homme politique avec lequel elle a beaucoup collaboré dans l'ombre tout en élevant leurs trois enfants. Elle a toujours été très active. Il y a cinq ans, son mari a rencontré une jeune femme et a décidé de divorcer. Ses enfants ayant quitté la maison, elle se retrouve alors seule et traverse une période de dépression sévère. Au bout de quelques mois, elle s'investit plus sérieusement dans une association humanitaire dans laquelle elle œuvrait depuis quelques années. Au cours des années qui suivent, cette activité va prendre une place de plus en plus importante dans sa vie. Elle prend alors la direction de l'association, ce qui l'amène à voyager, à rencontrer beaucoup de monde. Pour elle, cette association est son bébé et elle seule est capable de s'en occuper correctement et elle devient autoritaire vis-à-vis de ses collaborateurs, récompensant le dévouement de ses préférés. Elle n'apprécie pas le fait qu'il y ait trop de connivences entre eux et fait ce qu'il faut pour régner en maître, quitte à diviser pour régner.

Devant l'ampleur de la tâche, elle engage une jeune femme de 28 ans, Annabelle, intelligente, réservée et efficace, qui devient son bras droit. Annabelle devient pour elle, au-delà de sa collaboratrice, son meilleur élément, sa confidente, son alliée indéfectible, sa meilleure amie. *« Elle était plus proche de moi que ma propre fille. Je pouvais l'appeler à n'importe quel moment, nous avons passé des week-ends entiers à travailler dans ma maison de campagne, je lui ai tout appris. »*

Annabelle, d'un caractère plus facile que Lydie, est de plus en plus appréciée par le reste de l'équipe. Tout en restant proche de Lydie, elle devient disponible et commence à émettre de nouvelles idées concernant la gestion et l'orientation de l'association. Elle fait part de ses désaccords quand elle en a. L'état de santé de Lydie se dégrade suite à une chute ; elle est opérée plusieurs fois de la hanche et n'arrive pas à s'en remettre. Elle souffre en permanence et prend des antalgiques puissants qui lui provoquent de fortes douleurs à l'estomac. Lorsque l'on lui demande pourquoi elle ne lâche pas un peu son activité, étant donné qu'il y a du personnel compétent, dont Annabelle qu'elle a formée, elle se met en colère et dit qu'il n'en est pas question. *« Je lui ai ouvert toutes les portes et elle m'a lâchée. Si j'accepte de lâcher, il n'y aura plus de place pour moi, je n'aurai plus rien... »* Quand on lui dit que c'est une question de santé, elle répond dans un sanglot : *« Si je m'arrête, je m'effondre, je ne suis plus rien, plus personne... Je préfère y aller en fauteuil roulant que lui laisser la place. Il n'est pas question que quelqu'un me prenne ce qui est à moi et il n'y a que moi qui puisse tenir cette association. »*

La réaction de Lydie est irrationnelle et lorsque l'on s'informe davantage sur la situation réelle, on s'aperçoit que personne ne cherche à l'évincer et qu'elle est très entourée, y compris par ceux à qui elle en veut. Pourquoi alors ne peut-elle lâcher ? Quel est l'enjeu pour Lydie de conserver cette place alors qu'elle a des enfants, petits-enfants autour d'elle qui lui sont très dévoués, de quoi vivre aisément, des amis... ? Mais tout cela n'est pas suffisant. La peur de perdre l'importance et la place qu'elle a dans le regard des autres est pour Lydie plus forte que tout. Cela s'assimile à une angoisse de disparition, d'effondrement dont on trouve l'origine dans l'enfance.

Lydie était la plus jeune d'une famille de quatre enfants. Elle avait deux sœurs et un frère, âgés de plusieurs années de plus qu'elle. Sa naissance n'était pas attendue : « *Je ne suis pas arrivée au bon moment* », explique-t-elle. Sa mère, peu maternelle, même avec ses autres enfants, accompagnait son père, diplomate, dans tous ses voyages et « la petite » a été confiée à l'âge de 1 mois à une gouvernante qui l'a élevée jusqu'à ses 7 ans. « *Cette dame très austère m'a inculqué tous les principes d'une bonne éducation, mais elle ne s'intéressait pas à moi, elle trouvait que j'avais un physique ingrat. C'est vrai que je n'étais pas une jolie petite fille. Elle ne me prenait jamais dans les bras, elle ne me frappait pas mais me punissait très facilement. Un jour que j'essayais de me révolter, elle m'a dit : "Continue comme ça et tu te retrouveras toute seule."* » Lydie se souvient avoir eu très peur d'être abandonnée. Une fois mariée, Lydie est devenue très mondaine et ses réceptions étaient très appréciées. Elle avait beaucoup d'amis. Elle avoue n'avoir pas été très intéressée par ses enfants quand ils étaient petits. Le départ de son mari a été soudain. Il ne lui avait jamais laissé penser que la relation ne lui convenait plus. Elle a ressenti à ce moment un terrible sentiment d'abandon et s'est effondrée. Son rôle dans l'association lui a permis de se relever et elle voit les changements récents comme un nouvel abandon auquel elle ne pourra survivre. Le manque de soutien affectif dans sa petite enfance lui a fait vivre la peur de l'effondrement et, même si aujourd'hui elle sait que l'on se relève de tout, elle ne le croit pas vraiment, tellement la première expérience a été angoissante. Lydie est prête à faire souffrir les autres et à souffrir elle-même pour ne pas revivre cette angoisse indicible de disparaître.

Nous côtoyons ainsi beaucoup d'adultes qui, par peur de s'effondrer, ne voudront jamais montrer de faiblesses et chercheront à dominer les autres avec un certain égoïsme. Il n'est pas rare que ces personnes utilisent le chantage affectif pour obtenir ce qu'elles veulent. Selon elles, soit on est pour elles soit contre elles, un désaccord équivaut à une trahison.

Par le regard, beaucoup de messages sont transmis. Faire attention à son regard posé sur autrui, c'est faire preuve de savoir-vivre, d'empathie, de bienveillance. En prenant conscience de l'impact de vos regards, vous pourrez améliorer considérablement vos relations aux autres.

Chapitre 4

L'ÉCOUTE : TROISIÈME PILIER DU SAVOIR-VIVRE

« Le savoir-vivre, c'est la façon heureuse de faire les choses. »
RALPH WALDO EMERSON, philosophe américain

« Écoute quand on te parle ! » Communiquer, c'est s'exprimer et recevoir un message. C'est à la fois écouter et parler. Mais la tâche la plus difficile généralement, c'est celle d'écouter, qui signifie s'appliquer à entendre. Il faut donc tendre l'oreille, être attentif aux propos de l'autre. Nous allons voir dans ce chapitre tout ce qu'exprime cette action d'écouter (car il s'agit bien là d'une réelle action de notre part), mais aussi les vertus d'une bonne écoute, pour soi et pour sa relation aux autres, et comment l'améliorer.

Écouter est une action

Écouter est un verbe qui désigne un mouvement actif qui a pour objectif d'entendre. Le verbe entendre signifie percevoir par l'ouïe, mais veut aussi dire comprendre. Afin d'entendre, et de comprendre ce que quelqu'un cherche à nous communiquer, il est indispensable de l'écouter. L'écoute est un vecteur de compréhension de qui est l'autre et de ce qu'il nous dit. Plus l'écoute est attentive, plus grande est la compréhension.

Écouter vraiment est une chose des plus difficiles. Nous sommes en permanence distraits par ce qui se passe autour de nous et encore plus par les pensées qui nous traversent sans cesse. Notre capacité d'attention réelle est donc très réduite car de nombreux facteurs brouillent l'écoute. Le bruit, surtout lorsqu'il est désagréable, parasite le message. Les soucis qui sont en permanence dans notre esprit occupent la place et nous empêchent d'être disponibles pour entendre ce qui vient de l'extérieur, les autres personnes et aussi les autres sons.

Léna est très préoccupée par un dossier qu'elle doit présenter au comité de direction de son entreprise et décide pour se détendre d'aller faire un tour au parc avec son amie. En rentrant, son amie lui dit : « *C'est impressionnant le nombre d'oiseaux différents qu'il y a dans ce jardin.* » Léna la regarde surprise, et lui dit : « *Ça alors, je n'ai rien entendu.* » Son amie lui répond alors : « *Effectivement, tu es complètement obnubilée par ton travail et tu n'entends rien.* »

Nous sommes pris en permanence dans un dialogue intime qui peut aller jusqu'à s'enfermer à l'intérieur de soi et ne plus percevoir la réalité extérieure. Lorsque nous assistons à distance à un échange entre plusieurs personnes, il est assez facile d'observer qu'en fait chacun est dans son propre discours et n'entend pas réellement les propos de l'autre, bien plus préoccupé par ce qu'il va dire, répondre, rétorquer, plutôt que par la compréhension de l'idée de son interlocuteur. C'est pour cela qu'on parle souvent de « dialogue de sourds ». Il est difficile d'écouter sans penser à ce que nous allons répondre, si possible pour avoir raison. Il est très impoli de couper la parole, et pourtant, c'est une pratique des plus courantes, c'est même l'attitude majoritaire. Certains coupent la parole en s'en excusant, et en en justifiant la raison : « Excuse-moi je te coupe mais… » Il est vrai qu'il est parfois nécessaire d'arrêter ceux qui n'y arrivent pas d'eux-mêmes pour que chacun ait l'opportunité de s'exprimer et d'être entendu.

Lorsque Marine parle de ses enfants, aucun détail n'est épargné à ses interlocuteurs, et si on ne l'arrête pas, cela peut durer une heure. Elle n'est pas attentive à ce qui se passe autour d'elle. Ses amies prennent un air intéressé, l'écoutent poliment, puis chacune trouve un prétexte pour se détourner ou faire autre chose. Marine ne trouve pas cela juste, elle n'avait jamais imaginé que sa conversation sur les capacités intellectuelles ou physiques de ses enfants pouvait lasser son auditoire. Elle a été très blessée lorsqu'une de ses amies lui a dit un jour assez brutalement : *« Tu nous casses les pieds avec tes mômes. »*

Il est difficile de dire les choses avec franchise, délicatesse, au bon moment, et c'est souvent parce que nous avons peur de blesser que nous blessons. Marine, qui a du mal à s'affirmer, utilise ses enfants pour se valoriser. L'écoute attentive d'une personne permet de se rendre compte que cette attitude excessive cache souvent un manque d'estime de soi. Marine ne pense pas être intéressante par elle-même, alors elle en fait trop.

Certains n'écoutent pas les autres parce qu'au fond, les autres ne les intéressent pas. Ils peuvent néanmoins être attentifs aux propos de quelqu'un qu'ils admirent ou qui peut leur apporter quelque chose ou les valoriser.

Jean-Charles, en arrivant dans un cocktail, reconnaît son amie Christina qu'il n'a pas vue depuis deux ans. Il se dirige vers elle, très heureux de trouver une tête connue. Ils entament tous les deux une conversation sur leur vie actuelle et se donnent des nouvelles de leurs proches. Pendant qu'elle lui parle, il regarde tout autour et reste peu attentif à ce qu'elle lui dit. D'un seul coup, il aperçoit dans un groupe une personne connue à côté de laquelle se tient un de ses collègues. Il dit à Christina *« Excuse-moi, il faut absolument que je voie quelqu'un ! »* et la plante là au milieu de sa phrase alors qu'elle lui parlait du décès de son père. Il avait trouvé plus intéressant et n'avait écouté son amie que d'une oreille distraite. Même s'il aime bien cette amie, il avait mieux à faire et finalement s'est détourné d'elle très vite. Christina, en relatant cela, se rappelle avoir été très vexée. *« En fait, je ne savais plus très bien pourquoi nous nous étions perdus de vue, et là j'ai compris. »* Jean-Charles est quelqu'un de très dispersé, qui pense toujours qu'il y a plus intéressant ailleurs. Il ne comprend pas que ce qui est intéressant, c'est ce sur quoi on décide de porter son intérêt. Alors il n'entend toujours que la moitié de ce qu'on lui dit : préoccupé à ne rien perdre, il passe à côté de tout.

L'auteur américain Dale Carnegie raconte dans son livre *Comment trouver le leader en vous* comment il a conquis l'admiration de quelqu'un, au cours d'un dîner, en l'écoutant. Il rencontre à un dîner un botaniste. C'était la première fois qu'il avait l'occasion de bavarder avec un botaniste et il a trouvé les propos de cet homme sur les plantes exotiques et les jardins d'hiver passionnants. Ayant lui-même un jardin d'intérieur, il a écouté avec une grande attention les conseils du botaniste, et leur conversation a duré plusieurs heures. Il a appris beaucoup sur un sujet qu'il ne connaissait pas du tout auparavant. Il a appris par la suite de la bouche de son hôte que le botaniste avait fait son éloge, disant que sa compagnie était très stimulante et qu'il était un brillant causeur. Pourtant, il n'avait quasiment rien dit car il ne connaissait pas le sujet. il l'avait surtout écouté passivement : « J'étais très intéressé ; il l'avait senti, et naturellement cela lui avait plu. Écouter quelqu'un de cette manière, c'est lui faire le plus flatteur des compliments. [...] Il m'avait qualifié de brillant causeur alors qu'en réalité je n'avais été qu'un auditeur attentif et que je l'avais encouragé à parler. »

Dans ce même livre, Dale Carnegie rapporte le témoignage d'un présentateur de journal télévisé d'une chaîne américaine. Ce dernier lui a raconté comment il a été le témoin d'un manque d'écoute de la part d'un collègue journaliste. Ce journaliste interviewait un homme qui s'était évadé de la prison du Kremlin, à Moscou. Il expliquait comment lui et d'autres prisonniers avaient creusé un tunnel pour s'échapper : ils s'étaient procuré une scie et avaient creusé pendant des jours. Quand ils pensèrent être arrivés à une issue possible, ils creusèrent vers le haut. Une nuit, ils furent enfin prêts et découpèrent le plancher qui se trouvait au-dessus de leurs têtes, et lorsqu'ils purent voir par le trou, ils restèrent ébahis *: « Je me suis rendu compte que j'atterrissais au beau milieu du bureau de Staline »*, dit-il. Le journaliste, de façon surprenante, lui posa la question suivante : « Quels sont vos passe-temps préférés ? » Sa question n'avait aucun sens par rapport au récit extraordinaire qu'il venait d'entendre ! Il était manifestement distrait et préoccupé donc peu attentif, ce qui fait qu'il n'a pas posé les bonnes questions comme « Vraiment ? Le bureau de Staline ? Vous l'avez vu... ? ». Les auditeurs sont restés sur leur faim et n'ont jamais su le fin mot de l'histoire. Le journaliste, qui n'était manifestement pas présent à ce qu'il faisait, ni à l'écoute de son interlocuteur, passa ainsi à côté de l'information essentielle.

Il est très fréquent de voir certains journalistes et animateurs de télévision bien plus préoccupés par l'idée d'être pertinents que par un intérêt réel pour les propos de leurs interlocuteurs. Ils leur coupent la parole avant la fin de la réponse pour poser une autre question qui se veut incisive ou dérangeante, mais dont ils n'écoutent pas plus la réponse.

Il est vrai que dans certains domaines, comme la politique, c'est un jeu entre l'intervieweur et l'interviewé, qui lui cherche à échapper aux questions dérangeantes. Dans ce type d'échanges, l'écoute a très peu de place, chacun joue son rôle. Le téléspectateur ou l'auditeur, eux, restent sur leur faim. J'entendais un jour sur une chaîne de radio une auditrice qui s'exprimait dans le cadre de l'émission « Nos auditeurs ont la parole » sur RTL, au sujet d'une émission politique entendue la veille : « Ils parlent tous en même temps, on a vraiment l'impression qu'ils n'ont pas conscience qu'il est impossible de les comprendre. Ça ressemble à un combat de coqs ! »

Écouter demande de la disponibilité

Écouter est donc bien une action et certains, même lorsque c'est leur métier (les journalistes), n'y parviennent pas, trop centrés sur leurs propres paroles. La volonté d'écouter est donc essentielle et cela demande un certain effort. Il faut aussi savoir reconnaître lorsque nous ne sommes pas disponibles, car les efforts d'écoute ne suffiront pas. Contrairement à ce que beaucoup pensent, l'être humain n'est pas doué pour porter son attention sur plusieurs tâches à la fois, que ce soit les hommes ou les femmes d'ailleurs !

Paula est une maman très attentive à ses enfants. Elle travaille mais termine sa journée suffisamment tôt pour avoir le temps d'être avec eux et les aider dans leurs devoirs ou pour les accompagner dans leurs différentes activités du soir. Sa fille Sabrina est inscrite dans le cadre de l'aumônerie dans un groupe de jeunes de 15 ans qui se réunissent chez un couple pour échanger sur la vie, sur les sujets de société, et sur ce qui les préoccupe. Elle revient toujours enchantée et de bonne humeur : *« C'est super, je peux parler de tout et on m'écoute vraiment. Ce qui est génial, c'est que tout ce que les autres disent m'intéresse et parfois, alors que je suis en train de me poser une question, quelqu'un du groupe y répond sans que je n'ai rien dit sur le sujet. »* Paula, un peu piquée, répond : *« Moi aussi, je t'écoute, tu sais qu'on peut parler de tout. »* Sabrina dit à sa mère : *« Maman, je sais que je peux te parler mais tu es toujours occupée. Quand je te parle, tu fais autre chose en même temps, tu ranges les courses, tu prépares le repas… alors ce n'est pas tout à fait pareil. »* Paula a alors pris conscience qu'en voulant gagner du temps et faire le mieux possible pour tous, elle se privait de certains échanges avec sa fille. Elle a pris la décision d'être plus disponible et a trouvé des solutions sans pour autant être plus débordée. Il a suffi qu'elle arrête de se *« mettre la pression »*.

La prise de conscience et le désir de changer nous permettent de développer des trésors d'imagination. À tel point que l'on se dit parfois « C'était tellement simple, pourquoi n'y ai-je pas pensé plus tôt ? ». Il suffisait d'y penser, mais pour y penser, encore faut-il avoir conscience de son attitude ! Le problème est plus souvent, d'après ce que j'ai observé, lié au fait de vouloir trop bien faire, comme dit le proverbe : « Le mieux est l'ennemi du bien. »

Robert, un monsieur de 60 ans, reporter et documentariste encore en activité, a un souvenir très ému de la relation qu'il a eue avec son père. « *Mon père était un grand industriel. Il avait été à l'origine d'une invention révolutionnaire et était quelqu'un de très admiré. Il avait été reçu par le président de la République et avait été décoré. Sa famille faisait partie, depuis plusieurs générations, de l'aristocratie locale. Il était cependant un homme simple et proche des gens. Il travaillait beaucoup mais le dimanche, il m'emmenait souvent pour faire le tour du domaine familial et me racontait des histoires sur la famille, sur son travail. Nous avions un rituel qui était de faire une pause dans une petite cabane du domaine avec un goûter qu'il avait lui-même préparé, et là il m'écoutait, voulait savoir ce que j'aimais, ce que je pensais. J'ai toujours eu le sentiment que je l'intéressais réellement. Avec lui, je me sentais important et libre d'être qui j'étais. Je lui parlais de mes rêves de voyages et d'horizons lointains. J'avais l'impression qu'il partageait mes rêves. Quand nous avions évoqué un sujet, il était courant qu'il m'en reparle la semaine suivante, et entre-temps, il s'était documenté ! Le jour où je lui ai annoncé que je voulais être géographe et que je ne souhaitais pas reprendre l'affaire familiale, il m'a pris dans ses bras et m'a dit : "Il n'y a rien de plus important que de réaliser tes rêves, c'est ainsi que tu seras quelqu'un de bien."* » Robert se remémore cette scène avec beaucoup d'émotion et explique : « *Il était tellement occupé, avec de grandes responsabilités, et pourtant tellement attentif et à l'écoute des autres. J'ai eu beaucoup de chance et je me suis toujours efforcé de suivre son exemple. Je pense c'est de lui que j'ai hérité cet intérêt que je porte aux autres.* »

Écouter demande de la disponibilité, une réelle attention à l'autre.

Écouter, c'est reconnaître et respecter

« La nature nous a donné deux oreilles et seulement une langue afin de pouvoir écouter davantage et parler moins. »
ZÉNON D'ÉLÉE, philosophe grec du Ve siècle av. J.-C.

L'ouïe fait partie de nos cinq sens, avec la vue, l'odorat, le toucher et le goût. Grâce à eux, nous appréhendons le monde sensible, notre environnement physique, et ceux qui nous entourent. Ils sont complémentaires. Chacun de nos sens nous dévoile une facette du monde, c'est ce qui fait la richesse de notre relation avec la vie et avec notre entourage.

Lorsque l'un de nos sens est défaillant, un autre prend le relais, se développant plus que d'ordinaire. La personne dont la vue est défaillante développera l'ouïe, alors qu'une personne malentendante sera, elle, plus sensible aux odeurs et à la vue, un peu comme un droitier qui perdrait l'usage de sa main droite et qui développerait sa capacité à utiliser l'autre main. L'être humain est plein de ressources et, même privé d'une partie importante de ses facultés, trouve encore le moyen de faire des choses extraordinaires, aussi bien sur le plan physique qu'intellectuel.

Le sentiment d'exister

Nous savons que le nouveau-né apprend à connaître le monde par ses sens avec l'aide de personnes qui s'occupent de lui. Un bébé nourri et lavé mais privé de tout échange, la plupart du temps, mourra ou présentera un sous-développement mental et physique grave. Les enfants abandonnés en surnombre et retrouvés dans les orphelinats de Roumanie à la fin des années 1980, après la chute du dictateur Ceaucescu, ont malheureusement été la preuve vivante du besoin viscéral de contact et d'amour pour grandir et s'épanouir pleinement.

Dès sa naissance, un bébé réagit à la voix de sa mère. Les nourrissons sont extrêmement sensibles aux différents bruits et sursautent facilement. Leur ouïe est déjà bien développée et en entendant les différents timbres de voix, ils distingueront, même avant de les avoir vues, les personnes de leur entourage. Il est amusant de voir un bébé né depuis quelques heures tourner sa tête vers sa mère lorsque celle-ci parle puis tourner la tête de l'autre côté quand c'est l'infirmière qui parle. Des parents aimants donnent du sens aux perceptions du bébé et c'est ainsi que celles-ci deviennent des moyens de décoder le monde. C'est en écoutant la traduction que ses parents font de ce qu'il manifeste, suite à ses perceptions, que l'enfant se constitue une idée, non seulement de son environnement, mais aussi de qui il est lui-même.

Écouter son bébé est un moyen de le comprendre, de savoir s'il se sent bien ou mal et de deviner ce dont il a besoin. Les mères réussissent assez rapidement à interpréter les pleurs de leur bébé et à sentir, selon la modulation et l'intensité des pleurs, de quoi il a besoin précisément à ce moment-là. Tous les parents ont aussi été confrontés à l'impossibilité de décoder, malgré leur attention, et cela les désespère. Beaucoup de femmes vont même jusqu'à se sentir « mauvaises mères », incompétentes, tant elles veulent comprendre les signaux envoyés. Écouter le bébé est dès le départ une façon de reconnaître qu'il existe et qu'il a des besoins propres. Puisque les sons qu'il émet sont entendus, cela signifie qu'il y a un récepteur et que, par conséquent, il n'est pas seul ni abandonné. Rappelons que le bébé est totalement impuissant et qu'émettre des sons est la seule façon qu'il peut communiquer à l'autre ses besoins, liés à sa survie.

La façon dont les besoins du bébé ont été entendus conditionnera en partie l'attitude qu'il aura plus tard, enfant puis adulte, lorsqu'il cherchera à obtenir quelque chose. Le bébé qui aura besoin, chaque fois qu'il a faim, de s'époumoner pendant de longs moments pour être enfin entendu puis rassasié tirera la conclusion suivante : il faut crier longtemps pour obtenir ce que l'on veut. De la finesse de l'écoute du parent et bien sûr de l'adéquation de sa réponse dépend l'attitude qu'un être développera dans sa communication avec les autres, notamment quand il se trouvera en difficulté.

Le sentiment de sa valeur

Chaque mot, expression du visage, geste ou action de la part des parents donnent à l'enfant certains messages sur sa valeur. Écouter un enfant permet de lui signifier qu'il est important car ce qu'il a à dire présente de l'intérêt. Le comprendre et lui apporter une réponse adaptée fait qu'il se sentira compétent, capable d'exprimer un message et d'obtenir ce dont il a besoin en retour. Le sentiment qu'il aura de sa valeur sera aussi conditionné par la qualité de l'écoute. L'enfant pense que, si ce qu'il dit est intéressant, alors lui-même l'est. Il est reconnu et peut s'identifier comme un individu à part entière avec ses idées propres.

Cette individualisation permise par la reconnaissance par les autres de sa particularité est un facteur important dans la capacité qu'aura une personne à s'estimer, à avoir suffisamment confiance en elle pour croire à la validité de ses désirs et de leur réalisation.

Combien de personnes souffrent d'un manque d'estime d'elles-mêmes parce qu'elles n'ont été ni écoutées ni entendues ! On entend souvent : « Je n'intéressais pas les grands, j'étais transparent. »

Violette a 55 ans. Malgré une vie plutôt facile et agréable avec un mari aimant et des enfants, elle a le sentiment qu'elle est passée à côté de sa vie. Quand on lui demande ce qu'elle aurait aimé vivre, elle répond qu'en fait elle ne le sait pas, elle n'a pas de désirs propres et se sent souvent vide malgré ses nombreuses activités. Elle raconte que sa mère, très préoccupée d'elle-même, ne l'écoutait pas : *« En fait, j'étais comme une jolie poupée, j'avais de beaux jouets et de beaux vêtements, mais j'étais seule. Il y avait le monde des adultes et le mien. Je ne semblais pas intéresser les autres. Lorsque j'essayais de me mêler à la conversation, mon père me regardait deux minutes en souriant puis tournait la tête et s'adressait aux autres ; je me souviens même de ma mère parlant de moi à d'autres personnes en ma présence, comme si je n'étais pas là. Elle disait que j'étais sage, gentille et un peu timide. Je me sentais inintéressante. En grandissant, je me suis intéressée à l'art, la littérature, mais au fond j'ai quand même cette sensation que tout m'est extérieur et que je ne sais pas ce que je veux vraiment. »*

La famille est un lieu de médiation qui permet la structuration de la personne et du lien qu'elle établira avec la société. Ne pas avoir été écouté peut avoir pour conséquence des souffrances existentielles, difficiles à guérir. Compter pour les autres et exister dans leur cœur, cela permet d'avoir sa place. Écouter l'autre, c'est le respecter, c'est-à-dire avoir de la considération pour lui. C'est lui signifier qu'il compte pour vous, en tant qu'individu digne d'être entendu. Cela veut dire « ce que vous pensez, ce que vous faites et ce que vous croyez est important pour moi ».

Le sentiment positif de sa valeur personnelle constitue le facteur décisif de tout ce qui arrive à une personne et de sa relation aux autres. La plupart des souffrances et des choses pénibles de la vie sont le résultat du manque d'estime de soi de l'individu et du fait qu'il ne peut en parler à personne en toute franchise car il a aussi du mal à faire confiance aux autres.

Écouter pour apprendre et comprendre

« Nous vivons en ce monde pour nous efforcer d'apprendre toujours, pour nous éclairer les uns les autres au moyen d'échanges d'idées et pour nous appliquer à aller toujours plus loin en avant dans la science et les arts. »
WOLFGANG AMADEUS MOZART (1777)

Pour comprendre et pour poser le bon diagnostic, les médecins doivent être particulièrement attentifs à ce qu'ils entendent. Les battements du cœur d'un patient, d'un fœtus… C'est par l'observation, le regard, le toucher, la palpation et l'écoute attentive que les médecins, pendant des siècles, ont pu comprendre les pathologies de leurs patients. C'est encore le cas chez beaucoup de peuples qui se soignent par des médecines traditionnelles. Aujourd'hui, les progrès techniques sont tels que les appareils qui permettent d'établir des diagnostics sont devenus très précis. Il arrive cependant que le médecin passe à côté de quelque chose d'important par manque d'écoute quand il ne se fie qu'aux moyens techniques.

Tout apprentissage commence par l'écoute. « Taisez-vous, restez tranquilles et écoutez ! » est la première consigne des enseignants à leurs élèves. « Maintenant tu arrêtes et tu m'écoutes », celle-ci est plutôt celle des parents. Ce que l'on demande à l'enfant de façon plus ou moins impérative, c'est son attention et cela est compliqué pour lui, distrait par bien d'autres choses. Ce qui est difficile pour l'enfant, c'est avant tout de se tenir tranquille. Paradoxalement, certains enfants entendent mieux en bougeant. Un jour, j'assistais avec mon fils âgé de 8 ans à une petite conférence donnée à l'école pour les enfants. Le conférencier était très expressif et charismatique et pendant ce temps mon fils à côté de moi gigotait et faisait des avions avec des prospectus qu'on avait distribués aux enfants. Dans ma tête, je me disais que c'était dommage qu'il n'écoute pas car les propos étaient très intéressants. Je lui disais de se tenir tranquille. À la fin de la réunion, je lui ai dit qu'il n'avait rien écouté. À mon grand étonnement, il m'a alors raconté tout ce qu'avait dit le conférencier. Il existe des techniques pour apprendre en bougeant, en marchant. Nous sommes capables de faire plusieurs choses à la fois, à condition qu'une seule de ces tâches ne demande notre véritable attention. J'ai appris le contenu d'une conférence que je devais présenter et que j'avais auparavant enregistrée en déambulant dans Paris avec des écouteurs sur les oreilles.

Se tenir tranquille ne veut pas dire obligatoirement ne pas bouger, mais **pour écouter, c'est l'agitation intérieure qu'il faut maîtriser** et cela peut se faire même en bougeant. Écouter, c'est porter son attention aussi bien sur la personne qui parle que sur le contenu de son discours. Les bons pédagogues et communicateurs savent très bien cela, c'est pourquoi ils travaillent leur voix, leur regard et leur gestuelle pour attirer l'attention de l'auditoire qui sera alors attentif et sensible à leurs propos.

Écouter permet d'acquérir des savoirs dans certains cadres que sont les écoles, les universités, congrès, conférences… Écouter les autres est aussi la meilleure façon d'apprendre la vie. Regarder et écouter sont le secret de la compréhension de ce qui ne s'apprend pas dans les livres. Quand quelqu'un vous dit « Mais enfin écoute-moi ! Regarde-moi ! », c'est qu'il cherche à communiquer quelque chose d'important pour lui, de vous dire qui il est et ce qu'il ressent. Cette demande dérange celui qui la reçoit quand il est peu disposé, pour un certain nombre de raisons, à entrer réellement en relation avec le demandeur. Les enfants décryptent très bien leur entourage proche parce qu'ils observent énormément. **Tous leurs sens sont en éveil.** C'est comme cela qu'ils apprennent le monde ; l'enjeu pour eux est important, d'abord la nécessité de survivre puis celle de faire leur place dans la famille et ensuite dans la société afin d'avoir leur propre expression de la vie. On leur apprend qu'il ne faut pas être trop curieux, ne pas écouter les conversations des « grandes personnes » or c'est précisément cela qui les intéresse. Les enfants n'ont pas de curiosité malsaine, ils ont tout simplement envie de comprendre ce qui se passe autour d'eux. Si les adultes chuchotent ou se mettent à l'écart pour parler, c'est qu'il doit s'agir d'un secret extraordinaire qu'ils aimeraient bien percer. Cela ne veut pas dire que les enfants doivent être exposés à n'importe quel propos des adultes. C'est le rôle de ces derniers que de savoir les en protéger.

Écouter pour apprendre, s'instruire pour comprendre, concevoir clairement pour pouvoir agir ou réagir de façon juste et adaptée, voilà le but. Pour agir, un individu doit être suffisamment confiant et sécurisé. Comment se sentir en sécurité si l'on ne comprend pas le fonctionnement des choses et des êtres autour de soi ? La curiosité est une composante essentielle du développement et de la survie de l'espèce. Écouter permet aussi de s'enrichir sur tous les plans, l'écoute de la musique apaise et nourrit l'âme. Être attentif aux bruits de la nature permet de se recentrer, c'est-à-dire d'interrompre un peu le flot incessant des pensées qui occupent votre esprit. « Qui parle sème, qui écoute récolte » dit un proverbe persan. Pour créer, et faire ce que nous avons à faire, il est indispensable de développer sa capacité d'attention. Écouter les autres permet aussi l'échange de nouvelles idées auxquelles nous n'aurions pas pensé sans eux et d'évoluer sur des points de vue que nous n'aurions probablement jamais remis en question. Voilà pourquoi écouter enrichi sur tous les plans.

Même les vignes et le vin sont sensibles aux sons !

D'après certaines expériences, la musique ferait pousser les plantes. Un jeune vigneron français, Jean-Baptiste Jessiaume, qui a obtenu le Trophée 2012 des Jeunes Talents de Bourgogne, a fait l'expérience suivante : il a exposé une douzaine de fûts de vin blanc à la musique de Mozart diffusée par haut-parleurs. Dans un article du *Monde* du 13 mai 2013 il explique : « *Les fréquences musicales ayant des incidences sur les bactéries et les molécules d'eau, je me suis renseigné, et notre œnologue a trouvé l'idée bonne d'essayer sur les levures dans le vin. Nos recherches ont conduit à choisir les fréquences d'Une petite musique de nuit de Mozart.* » L'expérience s'est révélée une réussite : aucun blocage de fermentation, les vins étaient purs.

Un autre vigneron, l'Italien Carlo Cignozzi, a eu l'intuition que jouer de la musique à la vigne serait bénéfique pour sa croissance. Il collabore avec des chercheurs des universités de Florence et de Pise afin d'étudier les effets positifs des ondes sur le système racinaire des vignes et aussi l'effet répulsif de certaines ondes sur les parasites et les prédateurs. Il diffuse de la musique classique, notamment du Mozart (encore lui), dans ses vignes en Toscane.

Pour l'Américain Clark Smith, directeur de l'entreprise Vinovation en Californie et spécialiste reconnu dans le monde du vin, la musique influence le goût perçu du vin lors d'une dégustation. Certains vins paraissent meilleurs ou d'autres moins bons selon la musique écoutée. Un même vin aurait un goût plutôt citronné, fumé ou paraîtrait plus riche en bouche selon la musique diffusée. Si le son a un tel impact sur une plante et sur notre goût, nous pouvons imaginer sa place dans la communication entre nous.

Comment écouter ?

« Savoir écouter est un art. »
ÉPITECTE, philosophe grec des Ier et IIe siècles

Écouter l'autre est difficile car il y a une concurrence entre notre désir d'entendre notre interlocuteur et celui de lui répondre. Le besoin de faire valoir notre point de vue et même d'avoir raison nuit à l'attention que l'on accorde à ce qui nous est dit. **Pour bien écouter, il faut savoir mettre l'émetteur en veille et devenir pleinement récepteur**, pour laisser la place à l'expression de l'autre, de ses idées et même pour l'encourager à aller plus avant.

Marc, chef d'entreprise, estime que toutes les idées pour améliorer la production et les conditions de travail sont dans la tête de ses employés et collaborateurs. Il organise des réunions de travail pour échanger mais aussi, et cela est très important pour lui, il échange souvent à bâtons rompus dans les couloirs ou à la cafétéria avec les membres du personnel. *« C'est ainsi que je glane les bonnes idées, je saisis ce que j'entends et me demande ce que je peux en faire pour améliorer la situation. »*

Un soir, alors que presque tout le monde était parti, il a eu un échange avec l'un de ses collaborateurs, qui était en train de lire le journal. C'est au cours de cette discussion informelle qu'a été élaboré un nouveau projet qui allait redynamiser son entreprise. *« Ce moment était privilégié. Il n'y avait plus personne, plus de bruit, plus de tâches à accomplir… Nous avons commencé à parler des nouvelles technologies, car il lisait justement un article sur le sujet, puis, de fil en aiguille, nous avons imaginé une application possible dans notre secteur d'activité. Nous sommes restés ensemble jusqu'à 2 heures du matin, excités par les idées qui naissaient de notre échange. Ce moment a été le point de départ qui a permis à notre entreprise de devenir ce qu'elle est aujourd'hui.* » Marc cite un proverbe russe de son grand-père qui l'a toujours guidé : *« En parlant peu, tu entends davantage. »*

Une bonne écoute est le point de départ d'une écoute efficace. L'écoute active demande un engagement total dans la conversation, même sans répondre. Écouter n'est pas toujours facile et demande parfois une grande concentration et une véritable implication avec des questions appropriées. L'intérêt actif prêté à son interlocuteur au cours d'une conversation implique de ne pas intervenir pour l'interrompre tous les trois mots. Nous avons tous vécu cette situation où nous bouillonnons à l'intérieur, tellement nous voudrions que l'autre termine son propos pour qu'enfin nous puissions émettre notre avis que nous estimons toujours fort intéressant. Un auditeur attentif, quand il pose des questions, attend la réponse plutôt que de fournir immédiatement une solution, qui risque, de ce fait, d'être inappropriée.

Il est difficile d'admettre que nous avons du mal à écouter vraiment ce que l'autre personne a sur le cœur, sans rien dire ni faire, comme si cela nous mettait dans une impuissance génératrice d'anxiété. De nombreux éléments parasitent notre écoute et il n'est pas étonnant que nous ayons autant de mal à nous comprendre.

L'ouverture et l'intérêt pour l'autre sont indispensables pour écouter vraiment. Voici quelques exemples de pensées intérieures qui parasitent notre écoute et nos relations :

- « Zut, il va encore me parler de ses histoires de famille qui ne m'intéressent pas du tout ! »
- « Bon, elle n'a pas encore fini ! J'aimerais bien aller parler aux gens qui sont là-bas, ils ont l'air plus drôles. »

- « Il va me raconter son chagrin d'avoir divorcé et d'avoir perdu son travail. C'est triste pour lui mais qu'est-ce que je vais pouvoir lui dire ?! »
- « Elle va encore me sortir les mêmes arguments, cela ne sert à rien de discuter avec elle ! »
- « Ça fait dix minutes que j'ai compris ce qu'il voulait dire, il m'ennuie, comment je peux faire pour l'arrêter ? »
- « Il faut encore répondre à leurs questions, j'ai autre chose à faire. »
- « C'est nul ce qu'elle raconte ! Mais je ne peux pas lui dire, il faut que je patiente en souriant pour qu'elle ne s'aperçoive pas à quel point je n'en ai rien à faire ! »
- « Si j'ai l'air trop intéressé, elle ne va pas me lâcher ! »

L'empathie que nous ressentons pour l'autre existe bien, mais le manque d'écoute s'explique aussi par différentes peurs que nous n'identifions pas toujours, notamment la peur de :

- ne pas être écouté soi-même, c'est-à-dire de ne pas avoir sa place (la principale peur à mon sens) ;
- ne pas être entendu donc compris ;
- ne pas avoir le temps de s'exprimer, de dire ce que l'on a à dire ;
- être dominé par l'interlocuteur, soit par son élocution soit par ses arguments ;
- ne pas avoir d'idées intéressantes pour retenir l'interlocuteur ;
- être pris à défaut, de ne pas avoir la bonne réponse ;
- ne pas pouvoir consoler, de ne pas savoir quoi faire.

Écouter quelqu'un qui a de la peine est difficile car cela renvoie à un sentiment d'impuissance. Ce sentiment d'impuissance du petit enfant, nous le retrouvons à différents moments de notre vie. Être vu et écouté nous confirme notre existence et l'intérêt que nous avons pour les autres et c'est la condition pour avoir une place et pouvoir agir sur son propre sort dans une relation optimale avec

son entourage et la société. Écouter quelqu'un qui parle de ses souffrances peut nous mettre dans un état de faiblesse qu'il est difficile d'accepter, car déstabilisant et fragilisant.

Gisèle souffre d'une maladie grave avec une évolution rapide vers la mort. Une de ses plus grandes souffrances est que sa meilleure amie, Rania, refuse d'entendre la gravité de son état. Rania, avec laquelle elle est associée dans une boutique d'antiquités, qu'elles ont créée ensemble il y a quinze ans, ne peut accepter la maladie de Gisèle et fait comme si de rien n'était. Gisèle pense que cela renvoie son amie au souvenir de la perte de sa mère de la même maladie alors qu'elle avait 12 ans. Rania est dans l'incapacité de faire face une nouvelle fois à une telle perte et ne peut pas écouter son amie ; elle préfère ne pas savoir.

Le manque de confiance en soi, dans ses ressources et dans la vie agit sur notre capacité à accueillir ce que l'autre nous livre, que ce soit ses joies ou ses peines, y compris dans des situations extrêmes.

Lana, qui « *galère* » comme elle dit, dans ses relations amoureuses et sociales depuis quelques années, supporte très mal d'entendre ses collègues de travail raconter, au retour des week-ends, ce qu'elles ont vécu avec leur mari, leurs enfants ou leurs amis. « *À chaque fois cela me fait mal dans le ventre, comme si elles parlaient d'un monde que je connaîtrais jamais. Alors je fais semblant de sourire et je ferme mes oreilles et je pars de mon côté.* » Lana a tellement peu confiance en elle qu'elle ne réalise pas que finalement, c'est cette attitude de fermeture qui est à l'origine de sa solitude. Elle en a honte, comme si cela était un handicap. Elle se replie et cache sa situation au lieu de s'ouvrir et de prendre le risque d'écouter et d'être écoutée.

J'ai un jour animé dans une entreprise prestigieuse un séminaire où étaient représentées toutes les catégories de personnel. À ma grande surprise, le directeur de l'entreprise, un jeune homme médiatique et impressionnant pour ses employés, était présent au même titre que les autres et pour les mêmes raisons qu'eux : arrêter de fumer. Lors du tour de table final, il confie : *« Oui mais la cigarette est pour moi comme une compagnie. Comment faire quand je suis tout seul le soir devant ma télé avec une pizza ? »* Les autres participants ont confié par la suite qu'ils avaient été très impressionnés par la simplicité et l'humilité avec laquelle leur patron avait parlé de lui. Cet homme que l'on voyait en photo dans des magazines, était en fait comme beaucoup : un homme seul. Ce qui les a le plus touchés, c'est la confiance qu'il a en lui et aussi en eux et dont il a fait preuve en livrant une part de lui, que chacun s'applique généralement à cacher.

L'écoute des autres est souvent bienveillante et sans jugement lorsque ce que l'on dit est vrai. Être capable de dire simplement sa difficulté devant les autres demande d'avoir confiance en soi et de ne pas imaginer que cela nous dévaloriserait aux yeux des autres. L'écoute est un signe d'ouverture aux autres, c'est plus important que de parler pour échanger. Les gens pensent souvent qu'ils ont communiqué lorsqu'ils se sont exprimés ainsi que leur interlocuteur. Alors pourquoi est-il si difficile de se comprendre alors même que chacun a dit ce qu'il avait à dire ? Pourquoi est-il si difficile de s'entendre ? La raison est que nous ne nous écoutons pas vraiment. Il est important d'écouter avec patience et ouverture en oubliant les préjugés et présupposés. L'ouverture permet d'entendre le plus important même si l'autre n'a pas eu conscience de livrer. Le pire est d'interrompre quelqu'un au moment où il vous livre une chose importante le concernant. Ceci est le signe que l'on n'était pas en train d'écouter vraiment. Une personne qui est à l'écoute peut reformuler ce qui lui est dit, poser des questions. Elle peut aussi relater à quelqu'un d'autre ce qui lui a été dit avec précision. Là aussi il est encore question de confiance en soi. La confiance en soi vient d'un sentiment de sécurité intérieure et permet une plus grande capacité d'écoute, une plus grande faculté à entendre l'autre dans sa complexité et parfois dans sa souffrance. **Se croire obligé de donner des solutions, des réponses rassurantes, en minimisant le problème, est un signe que l'on est mal à l'aise. L'autre attend parfois juste d'être entendu, compris, dans ce qu'il vit.**

L'écoute sans attention

L'écoute distraite voire quasi inexistante

Voici plusieurs exemples d'écoute sans attention, qui vous feront certainement penser à des histoires que vous avez déjà vécues. Le but est de vous faire prendre conscience à quel point nous pouvons passer du temps à discuter sans véritablement écouter, que ce soit dans sa vie personnelle ou professionnelle. Et pourtant, cet effort d'écoute peut améliorer grandement toutes vos relations et votre propre épanouissement.

Jacqueline est au téléphone avec une amie depuis plus d'une heure. Lorsqu'elle raccroche, son mari, qui est toujours étonné que l'on puisse passer autant de temps au téléphone, lui demande : « *Qu'est-ce que vous vous êtes raconté pendant tout ce temps ?* » Jacqueline lui répond : « *Plein de choses, je ne sais pas trop ! Je crois qu'elle a des soucis à son travail.* » Son mari insiste : « *Ah bon, c'est grave ? Qu'est ce qui lui arrive ?* » Elle lui répond : « *Je ne sais pas exactement, ça a l'air compliqué et je dois t'avouer qu'au bout d'un moment, je n'ai plus fait très attention.* »

Josy se plaint de devoir téléphoner à sa mère tous les jours parce que celle-ci l'exige. Quand ses enfants lui demandent : « *Qu'est-ce que mamie t'a raconté* », elle répond : « *Rien d'intéressant, de toute façon, j'ai mis le haut-parleur et j'ai continué à ranger la maison. En fait, c'est toujours la même chose, ses bobos, ses voisines.* »

Clémence rentre de l'école, jette son cartable dans l'entrée et dit à sa mère : « *Tu n'imagines pas ce qui s'est passé en classe ce matin !* » Sa mère, agacée, lui répond : « *Tu ne peux pas poser tes affaires sans les jeter ! Et range ton manteau !* » Au bout de quelques minutes, elle lui demande : « *Au fait, qu'est-ce qui s'est passé en classe aujourd'hui ?* » Clémence, désormais occupée à autre chose, lui répond : « *Oh rien d'extraordinaire !* »

Écouter ne dépend pas que du temps consacré à l'échange mais de la qualité de celui-ci.

Philippe et Élizabeth ont chacun une vie professionnelle très prenante et deux enfants. Lorsqu'on leur demande s'ils arrivent quand même à se parler, ils reconnaissent qu'ils n'ont pas beaucoup de temps pour cela, mais depuis qu'ils se connaissent ils se sont toujours écoutés. Philippe confie : « *Je m'intéresse à elle, je sais que je l'intéresse aussi, pour nous, c'est normal d'échanger et d'écouter ce que l'autre à dire, même lorsque nous sommes occupés.* »

Paul et Christine ont divorcé. Des amis du couple, qui sont désolés pour eux, expriment à Christine leur empathie et lui disent : « *Peut-être auriez-vous dû plus communiquer, vous parler, vous n'en seriez peut-être pas arrivés là.* » Christine répond : « *Si vous saviez le nombre d'heures de discussion que nous avons eu, je ne crois pas qu'il y ait beaucoup de couples qui se parlent autant. À chaque fois que quelque chose ne me convenait pas je le lui disais. Mais en fait nous ne sommes pas sur la même longueur d'onde, nous ne nous comprenons pas.* »

Vous avez certainement rencontré des personnes qui ne s'intéressent jamais à vous, pour qui votre opinion et votre vie ne semblent pas très intéressantes.

Laurence déjeune régulièrement avec son amie d'enfance Marie. « *À chaque fois je me fais une fête de passer ce moment avec elle et je suis toujours déçue.* » Quand on lui demande pourquoi, elle répond : « *Elle me parle d'elle, de ses voyages, des personnalités qu'elle rencontre grâce à sa profession de journaliste de mode. Cela m'intéresse et je l'écoute, mais au bout d'un moment, je me sens seule. Quelques minutes avant de se quitter, elle me demande toujours avec un grand sourire : "Au fait, et toi ça va, comment va ta petite famille ?" Elle m'écoute cinq minutes puis elle me dit : "C'est super ! Je suis désolée j'aurais aimé passer plus de temps avec toi mais je dois partir, j'ai une interview importante à faire, je te raconterai la prochaine fois. Ça m'a fait plaisir de te voir."* » Laurence s'est sentie dévalorisée à cause du sentiment qu'elle a eu d'être transparente, inexistante aux yeux de son amie. Au point qu'elle se demande quel est l'intérêt de continuer cette relation qui la blesse avec Marie.

Michael est le petit dernier de sa famille. Ses trois autres frères l'appellent le « chouchou ». Il a toujours été protégé par sa mère. Lorsqu'il jouait avec ses grands frères, il n'avait jamais droit à la parole. Ceux-ci lui disaient : *« Toi le microbe, tu n'as rien à dire ! »* Ses frères n'étaient pas méchants avec lui mais le considéraient comme quantité négligeable et ses suggestions pour les jeux n'étaient jamais retenues.

Stéphane, médecin généraliste, essaie régulièrement de discuter avec son père, un chirurgien réputé, reconnu par toute la profession et qu'il admire beaucoup : *« Lorsque je lui expose mon point de vue il semble m'écouter, et à la fin de la conversation, il me dit d'un air distrait : "Fais ce que tu penses." Je n'ai jamais eu de retour de sa part ni d'échange. Je pense qu'il ne m'a jamais vraiment écouté. Il fait semblant d'être ouvert mais en réalité il se moque de ce que je pense ou ressent. »* Stéphane continue, à 35 ans, alors qu'il est lui-même médecin et père de famille, à se sentir dominé comme un enfant par un père pour qui sa parole ne compte pas.

Ne pas écouter pour se protéger, pour s'évader d'une réalité difficile

Les enfants ont parfois entre eux cette attitude de se boucher les oreilles lorsqu'un autre avec lequel ils ne veulent pas communiquer leur parle. Cela signifie clairement qu'ils ne veulent pas l'entendre. De la même façon que les bébés ferment la bouche avec les lèvres très serrées quand ils ne veulent pas manger.

Sophia était gardée par une grand-mère sévère et assez méchante. Elle criait, elle lui faisait beaucoup de reproches sur tout, ses cahiers, sa coiffure, et même sa voix. « *J'ai appris à fermer mes oreilles. Je la regardais pour ne pas avoir l'air insolente et ne pas être punie et, dans ma tête, je me disais je m'en fous, je m'en fous, je m'en fous.* » Sophia fermait les écoutilles.

Le manque d'attention en classe et le besoin de rêvasser peuvent aussi révéler une situation difficile pour l'enfant.

Alexandre est très souvent distrait à l'école. Il explique qu'il pense toujours à autre chose, voudrait être ailleurs et n'arrive pas à écouter ce qui se dit en classe. Les choses sont difficiles pour lui à la maison, alors, quand il est à l'école, il s'évade, et rêve de partir en Amérique en bateau. Son attention est ailleurs, un moyen pour lui d'échapper à une réalité qui ne lui convient pas.

Mais il est difficile toutefois de faire des conclusions sans connaître l'enfant et son histoire. Dans le cas de l'attention en classe justement, une grande écoute et une belle réussite scolaire peuvent au contraire masquer un besoin de s'évader, d'oublier des problèmes familiaux.

Magalie, qui rencontre aussi des difficultés dans sa famille, avec un petit frère gravement malade, elle, ouvre tout grand ses oreilles lorsqu'elle est en classe, avide de savoir.

Attention à ce que vous dites !

« La parole est moitié à celui qui parle,
moitié à celui qui l'écoute. »
MONTAIGNE, *Essais*

Autant l'écoute est importante, autant le choix des mots et le ton sur lequel on s'adresse à une personne sont primordiaux pour la qualité et l'efficacité d'un échange. La parole peut être douce, consolante, réconfortante mais aussi méchante, blessante, critique, dévalorisante, destructrice. Les mots sont créateurs ; ils peuvent construire ou détruire. Comme dit un proverbe suisse : « Les mots sont comme les abeilles : ils ont le miel et l'aiguillon. »

Une parole constructive ou destructrice

« Les poignards qui ne sont pas
dans les mains peuvent être dans les paroles. »
WILLIAM SHAKESPEARE, *Hamlet*

Dans les exemples qui vont suivre, nous verrons combien les mots peuvent encourager et donner confiance et, à l'inverse, anéantir, blesser.

Adèle, une jeune infirmière fraîchement diplômée, était dans son enfance très critiquée par sa mère qui lui reprochait ses cheveux trop frisés, sa peau trop foncée, sa maigreur et son hypersensibilité. Elle avait coutume de lui dire : *« Je me demande bien ce qu'on pourra faire de toi ! »* À 8 ans, la petite fille avait une image très dévalorisée d'elle-même. Adèle aimait l'école et, un jour, son instituteur qui la voyait un peu triste lui a dit : « *Tu as une belle écriture et avec tes bonnes notes, plus tard, tu pourras faire des études.* » Il a rajouté : « *Tu es quelqu'un de bien.* » Ces quelques mots ont porté Adèle tout au long de son enfance. « *Je m'y suis accrochée comme à une bouée, et cela m'a aidée à décider tout au fond de moi que, quoique dise ma mère, je serais quelqu'un de bien.* » Ces paroles ont résonné dans la tête et dans le cœur d'Adèle parce qu'elles étaient simples, sincères et positives. Elle se souvient aussi de la gentillesse du ton avec lequel elles ont été prononcées. Même si Adèle a aujourd'hui encore des difficultés par rapport à son enfance, elle sait qu'elle a eu en elle cette ressource de choisir d'entendre les paroles constructives pour poursuivre sa route.

Une parole peut faire plus mal qu'un coup de poing.

Marie-Claire a été très blessée par la parole d'une personne qu'elle pensait être son amie. Elles avaient partagé beaucoup de moments privilégiés, s'étaient confié leurs joies et leurs peines pendant plus de dix ans. Cette amie s'était éloignée d'elle depuis quelques années sans qu'elle comprenne pourquoi. À chaque fois qu'elle avait voulu en parler, celle-ci lui avait répondu de façon évasive, en s'éloignant, lui disant qu'il n'y avait pas de problème particulier. Marie-Claire souffrait de cette situation et un soir, au cours d'un dîner avec des amis communs et proches, elle l'a formulé à son amie. Elle lui a dit qu'elle ne comprenait pas cet éloignement car elle l'avait considérée comme une sœur. D'ailleurs, au moment où elles s'étaient connues, Marie-Claire venait de perdre sa sœur d'une maladie foudroyante. Ce soir-là, son amie lui a alors répondu d'un ton glacial : « *Ça, c'est l'histoire que tu t'es racontée, je n'ai jamais eu de sentiment particulier pour toi. On a bien rigolé ensemble à une époque, maintenant je n'ai plus grand-chose à te dire ! Voilà, c'est tout, il n'y a rien à expliquer !* » Marie-Claire a reçu ces paroles comme un coup de poing dans le ventre, elle a eu le souffle coupé par la froideur et la violence de ces propos à tel point que les larmes lui sont montées aux yeux.

Les mots servent à nous comprendre. Plus la palette de notre vocabulaire est riche, plus il nous est possible de communiquer avec finesse nos idées et nos émotions. Lorsque nous ne trouvons pas les mots, c'est de l'énervement ou de la colère que nous pouvons ressentir. Il suffit d'observer un petit enfant qui ne parle pas encore pour s'en rendre compte. S'il essaye de vous faire comprendre ce qu'il veut en vous interpellant et que vous ne le comprenez pas, il va se mettre à pleurer doucement puis de plus en plus fort jusqu'à se mettre en colère voire à jeter des objets. À partir du moment où un tout-petit accède à un langage suffisant, les mots remplacent les gestes et les cris pour exprimer ses besoins et ses désirs.

La capacité à s'exprimer par le langage est un des fondements de la civilisation. À un professeur de français qui enseigne dans un quartier défavorisé, il a été conseillé de ne pas utiliser trop de textes classiques car ils étaient difficiles pour ses élèves qui n'avaient pas l'habitude d'un langage élaboré. *« J'ai été révoltée par de tels propos que je considère comme méprisants pour mes élèves. »*, dit-elle. Elle ajoute : *« Je trouve que ce ne serait pas juste de priver une personne de la richesse de la langue et de ce qu'elle peut exprimer. Bien comprendre et utiliser les mots est un moyen indispensable pour se construire humainement et trouver sa place dans la société. »* Ce professeur a aussi constaté que les élèves qui avaient un vocabulaire plus riche avaient davantage confiance en eux et étaient moins violents.

Les mots ont une signification et donnent du sens à ce que l'on vit. Mettre des mots sur ses émotions et sentiments permet de comprendre ce qui se passe en nous. Nommer ses émotions donne la possibilité de les analyser et de les resituer dans leur contexte. Cette prise de distance fait que nous sommes moins prisonniers de nos ressentis. Ainsi, il devient possible de choisir des modes de réaction adaptés à la situation et au contexte. Les personnes qui ont entrepris une psychothérapie savent combien la parole peut être libératrice.

Jean-Paul ne s'était jamais rendu compte que la rage qu'il entretenait en permanence, sans en avoir conscience, était liée à une colère contre un père violent qui lui avait gâché son enfance. Il s'était réconcilié avec celui-ci mais n'avait jamais pu lui exprimer sa rancœur. Il portait encore dans sa vie actuelle les séquelles des coups et des humiliations. *« Je ne peux pas lui en vouloir, lui-même avait été battu, alors je lui ai pardonné. Mais ma souffrance, je n'en ai parlé à personne. J'avais un sentiment de honte de ne pas réussir à me défendre, je me sentais faible et nul. Je me sens encore facilement humilié, parfois de façon injustifiée, alors je réagis de façon disproportionnée.* » La raison qui a conduit Jean-Paul à consulter est la menace de son épouse de le quitter s'il n'arrêtait pas ses colères. La thérapie lui a permis de parler sans pudeur ni retenue de la violence et de la rancœur qu'il avait en lui. Ainsi il a pu se séparer de ses sentiments négatifs en les nommant et en les acceptant, pour pouvoir les ranger dans le passé et poursuivre sa route.

Les mots peuvent être salvateurs

Les livres ont sauvé beaucoup d'enfants élevés dans des familles ou règnent la violence et la vulgarité, quel que soit le milieu social.

Yvon a été élevé dans une famille très frustre. Lire un livre était considéré comme un acte inutile synonyme de paresse et de faiblesse. *« J'étais curieux de tout et je lisais en cachette. C'était mon espace de liberté. Mes parents me dominaient par la force et je me disais, qu'un jour, je les dominerai par mon intelligence et que contre cela ils ne pourraient rien. »*

Les mots sont porteurs de sens mais le ton avec lequel ils sont prononcés a aussi une grande importance. Les mimiques, regards et gestes qui accompagnent une parole lui donnent son sens réel. Les comédiens apprennent à prononcer une même phrase, par exemple « Le petit chat est mort », sur des tons différents pour travailler l'élocution et aussi l'expression des émotions. L'intention contenue dans un mot ou une phrase transparaîtra à travers le ton employé, l'agencement des mots, l'expression du visage et la gestuelle. Les circonstances dans lesquels ils sont prononcés influencent aussi le sens.

Nelly rencontre Juliette qu'elle n'a pas revue depuis un an et celle-ci lui dit : *« Tu es superbe ma chérie, les quelques kilos que tu as pris te vont à ravir ! »* Ces quelques mots auraient pu blesser mais ils étaient prononcés avec tant de sincérité et de bienveillance qu'ils firent plaisir à Nelly.

Jeanne présente ses petits-enfants à ses amies : *« Venez dire bonjour les filles. Voici Camille, toujours joyeuse, elle est très vive, percutante, en fait, elle et moi, on se ressemble ! Madeleine, ne te cache pas derrière ta sœur, viens dire bonjour ! Qu'est-ce qu'elle est timide ! Elle risque d'avoir des difficultés à s'imposer quand elle rentrera à l'école. »*

On voit à quel point, dans chaque situation de la vie, il est important d'être attentif aux mots et au ton que nous employons.

L'écoute et la parole vont de pair. La bienveillance et l'empathie sont essentielles pour trouver le ton juste, les bons mots, être attentif à l'autre et l'écouter véritablement.

EXERCICES PRATIQUES

L'ÉCOUTE ACTIVE, LA PAROLE BIENVEILLANTE

Voici quelques exercices, de quelques minutes seulement, que vous pouvez faire pour améliorer votre capacité à écouter, à parler avec bienveillance, et à vous détendre aussi.

1. Prenez le temps de vous asseoir confortablement, de vous détendre. Prenez une feuille et décrivez comment vous aimeriez être écouté et regardé.

2. Prenez un temps le soir pour vous remémorer les conversations que vous avez eues avec des amis ou des collègues au cours de la journée. Notez ce que vous avez retenu. Notez aussi les points de l'échange qui vous posent question, par exemple : « Elle m'a dit le nom de sa fille mais je n'ai pas fait attention », « Au fait

→

où habite-t-elle ? », etc. N'hésitez pas à poser ces questions la prochaine fois que vous verrez cette personne.

3. Voici un exercice à faire à deux pour développer sa compréhension de l'autre : l'écoute alternée. Cela consiste simplement à laisser parler l'autre pendant 10 à 15 minutes, en l'écoutant avec une grande attention, et surtout, sans penser à ce que vous allez lui répondre. La personne peut parler d'elle-même ou d'un tout autre sujet. Puis inversez les rôles. Échangez ensuite sur ce que vous avez compris. Vous pouvez faire également cet exercice avec des enfants pour leur apprendre l'écoute mutuelle, mais diminuez le temps en fonction de leur âge. En général, cela les amuse beaucoup.

4. Apprivoiser le silence permet d'affiner ses facultés d'écoute. Prenez le temps de vous asseoir ou de vous allonger dans la nature ou même dans votre salon et de respirer calmement. Acceptez tous les bruits qui vous parviennent sans les juger ni les qualifier d'agréables ou de désagréables. Commencez par 5 minutes, si possible tous les jours, et rajoutez 1 à 2 minutes par semaine. Cet exercice a des résultats surprenants et vous développez votre capacité d'attention et de concentration.

5. Choisissez une phrase joyeuse, dramatique ou neutre et entraînez-vous à la répéter sur différents tons en vous mettant devant un miroir, comme si vous vous mettiez en scène. Observez votre état intérieur.

Chapitre 5

DÉVELOPPER DES QUALITÉS INESTIMABLES GRÂCE AU SAVOIR-VIVRE

Personne n'est en mesure de donner une définition universelle du sens de la vie. Si je devais essayer de le faire, je dirais que progresser est le sens de la vie. Au fil des siècles et encore aujourd'hui, l'être humain développe ses connaissances, explore, améliore son confort, est un conquérant et, dans le même temps, il est un penseur qui recherche la beauté, l'harmonie, le bien-être, l'amour. L'homme cherche aussi à échanger avec les autres et à vivre en paix.

La vie est en quelque sorte une alternance entre la nécessité d'exprimer l'ego et celle d'appartenir à une entité plus vaste. L'être humain a besoin de se sentir une place dans le monde, dans l'univers, quelle que soit sa conception de celui-ci. C'est cette nécessité qui fera qu'il s'engagera dans la société, cherchera à y prendre sa place et à être reconnu par elle. Pour cela, il lui sera indispensable de reconnaître l'existence des autres et de s'adapter à eux. Les codes de communication et de savoir-vivre ont cette utilité, en cadrant le processus d'adaptation. En chaque être coexistent plusieurs niveaux de nécessité : celle de survivre demande de s'adapter mais l'aspiration à l'amour et à l'harmonie entraîne à développer des qualités et des valeurs d'une autre nature, plus spirituelles, comme l'esthétique et la beauté, par exemple. Les règles de politesse et de savoir-vivre sont des outils qui permettent, au-delà de réussir à vivre en bonne entente avec les autres, de se dépasser par la prise de conscience de l'utilité de pratiquer les « bonnes manières » dans le sens le plus large du terme. Nous pourrions décider de faire de notre existence une œuvre d'art, au sens de sublimer la nécessité de survivre en embellissant notre être. Ceci est à la portée de tous et passe par le désir de le faire et l'adaptation de ce désir à nos comportements dans le même temps.

Dans ce chapitre, nous allons passer en revue les qualités *nécessaires* au savoir-vivre, mais que vous allez dans le même temps *renforcer* justement grâce au savoir-vivre. Nous allons voir en quoi ces qualités nous aident à nous élever. Les qualités que nous avons à développer favorisent aussi bien le respect de soi que le respect des autres. **Il est plus facile d'aimer les autres quand on s'aime soi-même.** Les personnes méprisantes le sont souvent par manque d'estime d'elles-mêmes, contrairement à ce que l'on pourrait penser. Celui qui s'estime suffisamment et a assez de confiance en lui et n'a pas à prouver sa valeur de façon outrancière et au détriment des autres. Être sûr de soi, sûr de qui l'on est et de sa place, permet de respecter la place des autres et leur personnalité. Par exemple, c'est quand on a peur de ne pas être entendu que l'on coupe la parole.

Les qualités à développer pour pratiquer un vrai savoir-vivre sont les mêmes que pour faire grandir sa confiance en soi. L'objectif est de s'épanouir, en accord avec soi et dans le respect des autres. Cela passe par la bienveillance à l'égard de sa propre personne et de celle des autres, et par la pratique de la bienfaisance, qui consiste à mettre en action les qualités nécessaires. Ces qualités, bien comprises, ont leur place dans les règles de politesse. En prendre conscience permet d'utiliser les codes de savoir-vivre de façon constructive.

L'humilité

> « *L'humilité est l'antichambre de toutes les perfections.* »
> MARCEL AYMÉ, *Clérambard*

L'humilité est liée au sentiment de notre faiblesse, de notre petitesse, qui nous pousse à ravaler toute espèce de hauteur ou d'orgueil. Ce terme, dans le sens où nous le comprenons ici, évoque la conscience de ne pas être tout-puissant. L'humilité est le contraire de l'orgueil, qui fait référence à une opinion trop avantageuse de soi-même, de son importance, en fait, un sentiment exagéré de sa propre valeur. On utilise souvent l'expression « être bouffi d'orgueil » lorsque l'on évoque une personne trop imbue d'elle-même telle la grenouille de la fable de La Fontaine qui se voulait plus grosse que le bœuf.

La modestie n'est pas synonyme de manque d'ambition et d'effacement. **La modestie, c'est avoir le sens de la mesure, de sa juste place et de la valeur réelle des choses.** Le respect des codes du savoir-vivre nous donne l'occasion à maintes reprises de pratiquer cette qualité, notamment lorsque l'on doit présenter ses excuses. L'humilité contrebalance l'orgueil qui a souvent pour résultat de ne pas respecter la place des autres.

La générosité

« On gagne sa vie avec ce que l'on reçoit, mais on la bâtit avec ce que l'on donne. »
WINSTON CHURCHILL

« Veux-tu être heureux ? Donne du bonheur. »
ANTOINE DE SAINT-EXUPÉRY

Le terme de générosité est associé à la noblesse de caractère. Celui qui est généreux donne volontiers et largement. Cette qualité a une connotation très positive d'ouverture à la vie et aux autres ; elle est associée à la capacité de donner, d'offrir. On dit d'une personne généreuse qu'elle a un grand cœur. L'idée de bienveillance est contenue dans la générosité. Cette qualité fait appel à des sentiments élevés, à la gentillesse, l'indulgence, la bonté, mais aussi le courage, le dévouement, la grandeur d'âme. Elle est aussi associée à l'abondance. Les contraires de la générosité sont l'avarice et la bassesse. La générosité apparaît comme idéale dans un grand nombre de codes de savoir-vivre. L'avarice, son opposé, est source de divisions, de querelles. L'avare accumule pour lui, dans une grande peur de perdre. Partager le met en danger, en insécurité. Le personnage de Harpagon dans la pièce *L'Avare* de Molière décrit bien ce profil. C'est un personnage uniquement préoccupé de conserver son argent, qu'il vénère au-delà de tout.

La générosité épanouit, l'avarice dessèche. L'avarice est source de solitude et parfois de méchanceté. Autant la générosité est créatrice d'abondance, autant l'avarice ne crée rien pour personne. Une véritable confiance en soi va de pair avec la générosité. Donner aux autres, c'est se donner à soi aussi par résonance. La vraie générosité exclut l'attitude ostentatoire. Associée à la discrétion, elle sert l'humilité. Dans les mouvements de scoutisme, les enfants apprennent la pratique de la générosité en faisant une bonne action quotidienne qui les conduit à devoir penser aux autres.

L'honnêteté

« L'honnêteté, la sincérité, la simplicité, l'humilité, la générosité, l'absence de vanité, la capacité à servir les autres – qualités à portée de toutes les âmes – sont les véritables fondations de notre vie spirituelle. »
NELSON MANDELA, *Conversations avec moi-même*

Quelqu'un d'honnête est une personne qui se conforme à la loi morale, qui fait preuve de droiture, qui ne cherche pas à s'approprier le bien d'autrui. Être honnête veut aussi dire être juste, franc et sincère. Ce terme a donné naissance au concept de « l'honnête homme » puis à celui de « gentleman », qui est un homme bon, droit, mais aussi cultivé, raffiné et avec une certaine élégance d'esprit. L'honnêteté est le contraire du mensonge et exclut l'injustice. Elle demande du courage, celui de se regarder tel que l'on est et nous ramène à l'humilité qui permet de se remettre en question, d'accepter de s'être trompé et de s'excuser. L'honnêteté dite intellectuelle, c'est aussi accepter de ne pas avoir raison dans une discussion et d'écouter les arguments des autres. Être honnête**, c'est ne pas s'attribuer les mérites des autres et rendre à chacun ce qui lui appartient.**

On dit souvent qu'il faut avoir le courage d'être honnête, de reconnaître ses erreurs. En cela, l'honnêteté fonctionne avec l'humilité et la générosité.

La gratitude

« La gratitude est le secret de la vie. L'essentiel est de remercier pour tout. Celui qui a appris cela sait ce que vivre signifie. Il a pénétré le profond mystère de la vie. »
ALBERT SCHWEITZER, pasteur et philosophe

La gratitude est le sentiment de reconnaissance pour une aide, un service rendu. **Ressentir de la gratitude demande d'avoir conscience de l'attitude, de la gentillesse de celui qui a donné.** Sans gratitude, il n'y a pas de remerciements. L'ingrat est celui qui ne donne pas d'importance à ce qui lui a été donné. Il ne voit que ce qu'il a reçu, sans le relier à l'action d'un autre.

L'ingratitude est souvent accompagnée d'un certain égoïsme qui fait que l'autre n'a pas d'importance. Témoigner sa gratitude, c'est reconnaître la valeur de l'action d'une autre personne et le bénéfice que l'on en tire. On dit d'une personne qui n'accorde pas de valeur au geste de celui qui lui a rendu service, qu'il se comporte comme si tout lui était dû. La notion d'échange est mal comprise. Le remerciement est la reconnaissance en échange du service rendu ou de la chose donnée. En cela, il est très important pour maintenir l'équilibre entre les personnes.

Ressentir de la gratitude permet aussi de ressentir sa propre valeur. Si quelque chose vous a été donné par quelqu'un, c'est que cette personne vous a reconnu et a souhaité vous faire du bien.

Avoir de la gratitude, c'est savoir prendre conscience du service ou du cadeau qui vous est offert.

L'attention aux autres et à son environnement

Le savoir-vivre nécessite avant tout de faire attention à ceux qui sont autour de nous, à la maison, dans la rue, au bureau, dans un dîner, etc. **Porter attention demande une présence active qui mobilise l'écoute et le regard.** Cette attention permet de se comporter et de parler en fonction de ses interlocuteurs. Elle permet aussi d'apprendre de l'autre, de comprendre ses besoins et de s'y adapter. L'attention développe une saine curiosité. Il faut avoir le désir de partager pour être réellement attentif et présent. Il est nécessaire de s'oublier un peu en faisant preuve d'humilité et de générosité dans l'écoute.

L'attention à son environnement est aussi primordiale. En observant, nous apprenons beaucoup sur la vie. La curiosité n'est pas un vilain défaut, elle est au contraire une grande qualité selon le sujet auquel elle s'applique. La culture générale se développe par l'intérêt et l'attention que l'on porte aux différents sujets. Un esprit cultivé est celui qui est ouvert, qui apprend et peut mettre en perspective ses différentes connaissances. La connaissance s'oppose à l'ignorance qui engendre les conflits.

DANS LE MÉTRO

Le témoignage de Jessica, 32 ans, dentiste à Villepinte

« J'avais passé un merveilleux séjour avec des amis. Après dix jours de vacances, je me sentais détendue, prête à reprendre mes activités. Après l'atterrissage à l'aéroport de Paris-Charles-de-Gaulle, je décidai de prendre le métro pour rentrer chez moi. J'ai tout d'abord été surprise par la foule, due à une grève dont je n'avais pas eu connaissance car de l'étranger je n'avais pas suivi l'actualité. Le trajet dans le métro a rendu l'atterrissage

Dans les transports, les salles d'attente, tous les lieux publics en somme, il est primordial de respecter les autres.

“brutal”. J’ai ressenti un fort désagrément devant les comportements que j’observais. Pourtant, je me suis vite souvenue qu’il s’agissait d’attitudes plutôt courantes. C’est la distance que j’avais prise en partant à l’étranger qui provoquait en moi cette impression de disharmonie à laquelle on s’habitue.

C’était un samedi soir vers 21 h 30, le métro était bondé. Un homme est entré, son téléphone portable à l’oreille grâce auquel il écoutait la retransmission d’un match de football sans les écouteurs, imposant ainsi à tous les passagers, que cela les intéresse ou non, les hurlements du public et l’enthousiasme des commentateurs. Deux jeunes hommes sont montés avec des sacs de sport qu’ils ont étalés devant les portes au lieu de les mettre sur le côté, obligeant ainsi chaque passager qui montait ou descendait à contourner ou enjamber leurs sacs. Une jeune femme s’est assise, posant ses sacs sur le siège d’à côté et a ensuite plongé le nez dans sa tablette. Avant qu’une dame lui demande de libérer le siège pour s’asseoir, plusieurs personnes avaient lorgné la place sans oser la déranger. Avoir l’air absorbé par une lecture ou fermer les yeux est une stratégie efficace pour limiter la demande de l’autre. Trois femmes sont entrées et se sont mises à parler haut et fort sans tenir compte de leurs voisins. Deux jeunes filles, probablement en route pour une soirée, rigolaient bruyamment en buvant du vin au goulot. Un bébé hurlait, de fatigue probablement, dans une grosse poussette qui prenait énormément de place. Ces dernières années, les poussettes sont devenues de véritables quatre-quatre ! J’ai aussi eu le privilège d’être au courant des griefs de ma voisine envers son petit ami pendant qu’elle en parlait à une amie au téléphone, élevant graduellement la voix pour couvrir le bruit ambiant. Une fois arrivée à destination, il a fallu que je fasse des pieds et des mains courageusement (enjambant les sacs et esquivant la poussette !) pour parvenir à sortir du métro pendant que d’autres se bousculaient pour y entrer et accéder aux rares places assises libres.

J'ai eu un sentiment de tristesse et de colère devant toutes ces incivilités, qui provoquaient en moi agressivité et intolérance. Je me suis alors dit que cette situation est quotidienne et banale pour un grand nombre de personnes : chaque scène prise à part n'a rien de dramatique, mais toutes ensemble, elles sont sources de stress. Personne ne dit rien de peur d'être agressé ou de passer pour intolérant, le terrain est alors libre pour ceux qui n'ont rien à faire des désagréments qu'ils causent. »

La présentation de soi

« Il faut commencer par éprouver du respect pour soi-même : tout le reste suivra. »
FRIEDRICH NIETZSCHE

Cela commence par la manière dont nous nous présentons aux autres, ce que nous donnons à voir de nous. La première chose abordée dans les traités de savoir-vivre est la question de l'hygiène et de la propreté. Prendre soin de soi est une règle de politesse et a aussi trait à la question de la santé. L'hygiène est aussi plus largement un problème de santé publique. Le respect par tous des principes d'hygiène et de propreté permet une diminution des virus notamment. En cela, il est primordial et concerne le bien-être de chacun et la survie du groupe. Plus en rapport avec l'harmonie et l'esthétique, il n'est pas juste d'imposer aux autres des odeurs désagréables et la vue de la saleté. C'est une grande souffrance pour les personnes qui ne peuvent plus assurer seules leur propreté, à cause d'accidents de la vie ou quand une personne devient sans domicile fixe, par exemple. Elles racontent la douleur que c'est de se sentir sales. Elles ont alors le sentiment de ne plus être dignes d'être regardées et de faire partie de la société.

Le premier contact que l'on a avec les autres est visuel, c'est pourquoi l'apparence a une importance. La façon de se tenir, de marcher, de parler et le choix des vêtements conditionnent la première impression que l'on donne de soi. Dans certaines circonstances, notamment dans la vie professionnelle, cela peut avoir un fort impact. Une expression populaire dit : « C'est la première impression qui compte. » Bien se tenir évoque aussi bien la posture et le comportement, que la tenue morale. Il faut se tenir droit, ne pas s'affaler sur sa chaise ou sur la table ; marcher sans traîner des pieds ; ne pas interpeller une personne dans la rue ; parler posément de façon audible, mais sans crier ni parler trop vite ; employer un langage correct et adapté à la situation et à l'interlocuteur (n'oublions pas que l'échange suppose que deux conditions soient remplies : être compris et mettre l'autre à l'aise) ; s'habiller correctement et sans ostentation. **Présenter une image agréable de soi est une forme de « politesse » que l'on doit aux autres.**

LE SAVOIR-VIVRE COMMENCE AVANT MÊME DE RENTRER DANS LA CLASSE

Le témoignage de Johanna, 28 ans, professeur de lettres à Bobigny

C'est un après-midi de mai en classe de seconde. Comme à chaque retour de vacances, le cours de français est dédié à la récitation d'une poésie : les élèves se succèdent au tableau et voici que Marina traverse la classe vêtue d'un jean taille haute et un t-shirt très court, qui laisse apparaître son ventre. Alors qu'elle s'apprête à réciter sa poésie, je me dis simplement en moi-même : "Non, ce n'est pas acceptable" et je l'interpelle doucement pour qu'elle enfile un gilet.

Sur le chemin du retour, dans les transports, je me revois au lycée il y a une dizaine d'années, des foulards ou des rubans en guise de ceinture, absolument pas destinés à faire tenir mes jeans que j'aimais porter le plus taille basse possible, et je reste perplexe quant à ma réflexion à Marina. "Ça y est, le coup de vieux, et avec ça, l'arrivée des principes !", me dis-je. Je suis encore une jeune professeur et je suis tiraillée entre mes souvenirs d'élève, et le métier que je suis en train d'acquérir.

Après réflexion et discussion avec mes proches, je suis finalement convaincue que ma réaction a été la bonne. D'un tempérament gentiment rebelle, j'ai moi-même été de nombreuses fois reprise et houspillée pour ne pas avoir respecté les règles de tenue imposées par l'école dans laquelle j'étais élève. Aujourd'hui, je remercie les professeurs ou éducateurs qui m'ont tenu tête et m'ont inculqué les règles premières du savoir-vivre : l'importance de la façon dont on se présente aux autres en fonction du contexte dans lequel on se trouve.

Pour moi, le savoir-vivre commence avant même l'entrée dans la classe. J'exige – et en cela j'applique le règlement intérieur de mon établissement – que les élèves soient dans leur classe à leur place quand j'arrive pour faire cours. Si en arrivant dans le couloir qui mène à la classe, j'en vois qui sont dehors en train de discuter, je les laisse ainsi dehors toute l'heure durant. Intérieurement, je trouve cela regrettable qu'ils n'assistent pas au cours, je sais que cela les handicape et les pénalise. Dans le même temps, j'estime que cette sanction – rapidement dissuasive – leur est profitable car elle les aide à se mettre dans une attitude de travail et dans une certaine concentration indispensable au fait de pouvoir "vivre" le cours correctement.

Dernier cheval de bataille : la correction de la langue. En classe, si un élève emploie un terme d'un registre familier lorsqu'il intervient à l'oral, je lui fais remarquer sur le ton de l'humour en reprenant ses mots : "Ah bon, le prof a dit ça ?" Cela suffit souvent à lui faire retrouver un langage correct et approprié. Lorsque l'on est adolescent, cela me semble tout à fait normal de se forger son langage, de trouver des tournures particulières pour s'exprimer, car c'est un moyen de se démarquer et de s'affirmer. Cependant, ce que j'aimerais faire prendre conscience à mes élèves, c'est qu'il y a par ailleurs un vrai phénomène d'appauvrissement de la langue. Par exemple, employer le verbe "partir" à la place du verbe "aller" : "Je suis partie au cinéma" ; ou encore employer le conditionnel après la conjonction "si". Je leur explique qu'il ne faut pas "bien parler" seulement parce qu'on est en cours, ou pour faire plaisir au professeur, mais parce que le langage révèle notre identité, dit aux autres ce que nous sommes, ce que nous connaissons, ce qui nous intéresse aussi. C'est donc un élément très précieux qu'il faut soigner, et dire "Si j'aurais pu..." à la place de "Si j'avais pu" ne met pas en valeur, bien au contraire. Le savoir-vivre passe donc par la communication et donc par le savoir-dire. Faire fi de cela dégrade forcément les relations sociales, exclut, stigmatise. »

La recherche de la beauté

Depuis toujours, les hommes recherchent la beauté. Ils embellissent les objets utiles : les récipients, les outils, les accessoires de toilette sont travaillés, décorés, et deviennent plus que des objets utilitaires, de véritables œuvres d'art. Ils recherchent la beauté, même, aussi surprenant soit-il, pendant la guerre : beaucoup de familles détiennent des objets, vases, briquets, etc., sculptés par leurs arrière-grands-pères soldats dans les tranchées au cours de la Première Guerre mondiale. Certains de ces objets méritent le nom d'œuvre d'art.

La musique adoucit les mœurs, dit-on. Elle traduit l'harmonie des sons et élève l'âme de ceux qui la composent et de ceux qui l'écoutent. Les chansons traduisent les émotions humaines, des plus tristes aux plus joyeuses. La peinture et le dessin magnifient les paysages, les couleurs et subliment les êtres. Le vêtement ne sert pas seulement à l'habillement mais aussi à mettre la personne en valeur par la recherche de formes et de couleurs. L'art touche tous les domaines de la vie. Voilà pourquoi on parle d'art de vivre, d'art de la table, d'art d'aimer… Cultivez la beauté dans tout ce que vous faites.

L'HARMONIE EMBELLIT LA VIE

Le témoignage de Sandra, 40 ans, décoratrice à Lyon

Imaginer un bel intérieur, réaliser une décoration harmonieuse à l'image de ses occupants apporte au décorateur la double satisfaction de contribuer au bien-être de son client mais également de s'ouvrir à la beauté, à l'autre.

L'empathie, la capacité à être en lien avec autrui m'aide en tant que décoratrice, à ressentir les besoins de mon client. C'est cet intérêt d'esthétisme qui me permet de concevoir un lieu, d'imaginer un décor, de raconter l'histoire d'une entreprise en cohérence avec ses valeurs. Outre le sentiment de gratitude que je ressens, c'est aussi celui d'être connectée qui domine. Une connexion à la beauté, à l'élégance, à l'amour. Un état de flux où tout prend forme, l'équilibre des formes, des couleurs et des matières. Cela se traduit par le bien-être et la fluidité que l'on ressent en pénétrant dans ces lieux.

Le regard peut balayer une pièce sans être heurté par un détail, preuve que tout est à sa juste place.

Cette beauté peut s'installer à tout moment dans notre quotidien : une belle maison, une jolie table que l'on va dresser pour sa famille, ses amis, les livres et objets qui nous racontent et que l'on va harmonieusement mettre en scène... Et la vie est encore plus belle, juste et joyeuse. On fait ainsi honneur aux gens que l'on aime, on crée un nid douillet pour ses enfants, un lieu de repos et de douceur pour sa moitié, une atmosphère douce, agréable, confortable qui inspire et fait du bien. Le lieu influe sur nous, sur notre bien-être mais nous choisissons également la façon d'habiter un lieu et c'est cette vision hédoniste de la vie qui m'interpelle.

Ce métier m'apporte bien-être, une certaine fluidité, une cohérence interne par le sentiment de faire du bien à autrui, de magnifier les lieux, de leur rendre leur beauté originelle. Une vocation presque spirituelle... La sensation modeste mais bien réelle d'amener de la vie dans le quotidien, comme si la beauté avait le pouvoir d'insuffler l'amour, l'enthousiasme, la sérénité et le bien-vivre. »

L'élégance

« Moi, c'est moralement que j'ai mes élégances.
Je ne m'attife pas ainsi qu'un freluquet,
Mais je suis plus soigné si je suis moins coquet. »
EDMOND ROSTAND, *Cyrano de Bergerac*

L'élégance est une qualité esthétique qui est soit naturelle soit acquise. Elle allie la grâce, la distinction et la simplicité. Cette qualité s'applique aussi bien à l'aspect physique qu'à l'aspect moral d'une personne. On parle de l'élégance de l'esprit, du cœur, de l'âme… L'une de ses composantes est la simplicité qui implique l'humilité mais aussi la discrétion et l'attention aux autres. La grâce et la disctinction sont conditionnées par le soin que l'on prendra de son corps et de son esprit. L'élégance est une qualité qui résulte de l'intégration et la pratique d'autres qualités. Elle est une partie de l'aboutissement du travail sur soi. La grâce, la disctinction et la simplicité ne peuvent venir que d'une bonne maîtrise de soi qui ne va pas sans un certain degré d'estime de soi mais aussi de bienveillance vis-à-vis des autres. L'élégance a une dimension esthétique liée à l'harmonie et la justesse de l'attitude. Elle est pour le dandy anglais Brumell « l'art de ne pas se faire remarquer ». Ce terme évoque aussi le comportement chevaleresque et le code de l'honneur. L'élégance est à mon sens une disposition d'esprit intérieure qui demande de l'exigence par rapport à soi : ses pensées, ses paroles et ses comportements. Cette qualité répond à une éthique qui impose de la mesure et du discernement face aux différentes situations de la vie. L'élégance d'esprit demande que chacun s'élève intellectuellement avec ses moyens : l'étude, l'observation, la curiosité. **La culture ainsi acquise et intégrée n'a pas pour vocation d'être étalée, ce qui serait contraire à la distinction et à la simplicité. Elle est un moyen d'amélioration de soi.** Cultiver l'élégance est à la portée de tous ceux qui le souhaitent.

« Le luxe est une affaire d'argent,
l'élégance une question d'éducation. »
SACHA GUITRY

Les principes de l'éducation sont en général transmis aux enfants par les parents et les professeurs. Mais l'homme a le pouvoir, grâce à son intelligence et à son libre arbitre, de s'éduquer à chaque moment de sa vie. On peut toujours apprendre, écouter, regarder et imiter ce qui nous semble juste. Il n'est pas besoin d'être riche, le désir de s'élever est le principal moteur d'acquisition de cette qualité. Dans son célèbre roman *L'Élégance du hérisson*, l'écrivaine Muriel Barbery décrit un personnage, concierge dans un immeuble, cultivé et autodidacte, mais qui cache à tous cet aspect de sa personnalité que seule une enfant, la petite Paloma, détecte : « Madame Michel, elle a l'élégance du hérisson : à l'extérieur, elle est bardée de piquants, une vraie forteresse, mais j'ai l'intuition qu'à l'intérieur, elle est aussi simplement raffinée que les hérissons, qui sont des petites bêtes, faussement indolentes, farouchement solitaires et terriblement élégantes. »

Cette qualité est en lien avec le rapport que chacun entretient avec lui-même, comme le dit si bien l'écrivain Sylvain Tesson dans son *Petit Traité sur l'immensité du monde* : « L'élégance est de se comporter dans la solitude comme en société. » Dans l'idéal, un esprit élégant doit avoir plaisir à se fréquenter lui-même, sans narcissisme exagéré, ce qui l'éloignerait de son objectif. Le général de Gaulle portait toujours la même tenue, que ce soit en public ou en privé. Pour lui, il n'y avait aucune place pour le laisser-aller, même chez soi.

Zita, qui vit seule, raconte que quoi qu'il arrive, elle s'habille et se maquille, même si elle n'a personne à voir. Elle le fait pour elle. Quand elle passe devant sa glace, l'image qui lui est renvoyée lui fait plaisir et elle se sent belle et joyeuse.

Gonzague, aristocrate désargenté, raconte que même pour manger du jambon avec des chips, il met un joli couvert. Il aime la vue des belles choses et recherche la beauté dans les plus petits détails et les circonstances les plus simples. Comme cela, il est sûr de la trouver.

Julie, qui a été très peu à l'école, a décidé de se cultiver en utilisant les moyens proposés par Internet. Tous les jours, avant d'aller travailler, elle écoute vingt minutes de conférence sur un sujet qui l'intéresse. En deux ans, elle a appris beaucoup de choses et a plus confiance en son intelligence.

Les valeurs du savoir-vivre

« Le respect est la première règle d'une bonne conduite. »
ANNE BARRATIN, écrivaine

Les qualités à développer que nous venons de voir sont fondées sur des valeurs partagées par ceux qui reconnaissent une utilité aux codes de savoir-vivre. Le respect de soi et d'autrui est la valeur fondamentale qui sous-tend tout échange et conditionne la réussite d'une vie. Se respecter conduit à vouloir se faire du bien et à être reconnu. Cela nécessite d'avoir des comportements adaptés. Prendre soin de soi, de son apparence et de sa présentation, s'exprimer correctement, et connaître les règles de politesse et de bienséance est indispensable pour être intégré dans le groupe.

Respecter les autres, c'est reconnaître que seuls, nous ne pouvons rien et que nous sommes dépendants de l'existence et de l'action des autres. À ce titre, on leur doit le même respect qu'à soi-même. On reconnaît leur place en les saluant, en les remerciant, en les honorant, en respectant leurs besoins, leurs droits, leurs territoires, leur tranquillité… et en s'excusant lorsqu'on leur nuit, quitte à réparer si cela est possible. **Les personnes qui se respectent et s'estiment elles-mêmes, sans orgueil mal placé, laissent plus facilement la place aux autres.** Se respecter et respecter les autres permet de s'engager dans la vie sociale, d'y contribuer par sa participation en s'adaptant au groupe. Pour que *l'individuel* trouve un terrain d'expression, il faut qu'il soit reçu par le *collectif.* En cela, développer son attitude à la convivialité par l'écoute, les échanges, les conversations, les cadeaux, les réceptions… favorise le développement personnel. La discrétion contribue au respect des limites de chacun : s'exprimer trop fort ou faire du bruit peuvent heurter, tout comme les questions intrusives peuvent mettre mal à l'aise. Les incivilités sont des invasions du territoire d'autrui plus ou moins barbares selon leur intensité et leur fréquence : crier dans la rue le soir, faire tourner son moteur pendant de longues minutes, jeter des papiers par terre, cracher, mettre la musique à fond, poser ses pieds sur les sièges des bus… sont des attitudes, qui, quand elles ne sont ni rares ni isolées, donnent à ceux qui les subissent le sentiment d'être otages de ceux qui ne respectent pas les règles. Ils se sentent impuissants, fatigués, démunis, ce qui génère en retour de leur part rejet et agressivité.

L'harmonie est un effet produit par un ensemble dont les parties s'accordent, s'équilibrent entre elles. L'équilibre et la paix sont des composantes de l'harmonie. La beauté et l'esthétisme en sont la résultante et l'expression. Chacune des qualités que nous avons évoquées complète et contient les autres. La gratitude demande de l'humilité, l'attention aux autres de la générosité, l'élégance suppose de l'honnêteté et de la discrétion donc de l'humilité…

Il est intéressant de prendre chacune des qualités évoquées et aussi d'autres qui vous viennent à l'esprit et d'examiner comment elles peuvent être actionnées. L'harmonie contient les notions d'alliances et d'accords. Elle suppose une bonne entente et engendre la paix, source d'union et de calme. La paix est aussi synonyme de bonheur, de tranquillité et de sérénité. Les règles et les codes sont des éléments sur lesquels un groupe peut se mettre d'accord afin que chacun, en les respectant, contribue à l'équilibre de l'ensemble. De cet accord découle un sentiment de sécurité indispensable à l'expression individuelle. L'équilibre permet la coexistence malgré les différences, il est le juste milieu à partir duquel on peut se déterminer. **La personne qui appliquera les codes, avec la conscience que ceux-ci peuvent l'aider à se construire personnellement, plutôt que de les subir, aura de forte chance de gagner en estime de soi et d'être en harmonie avec elle-même et les autres.** On peut devenir plus fort et mieux dans sa peau en se laissant guider par les principales règles de vie, qui, ne l'oublions pas, furent codifiées à l'origine par des humanistes, soucieux autant de la paix sociale que du développement de l'individu.

Chapitre 6

LE SAVOIR-VIVRE AU QUOTIDIEN : L'APPLICATION DES VALEURS

Les règles de savoir-vivre concernent toutes les circonstances et tous les instants de votre vie. Chaque fois que vous avez des occasions d'interagir avec autrui, vous apprenez et développez les qualités nécessaires à votre épanouissement personnel. Prenez conscience que les codes de politesse bien compris et justement appliqués sont pour vous de véritables outils pour améliorer toutes vos relations et vous enrichir au plus haut point. Pour les enfants, cela peut être un sésame pour être reçu chez leurs camarades : un enfant qui ne dit jamais bonjour ou se sert d'emblée dans le réfrigérateur risque de ne plus être invité. Être bien avec les autres est une des conditions pour être heureux ; être bien avec soi est une des conditions pour rendre les autres heureux. Vous pouvez faire de chaque échange un moment de partage.

Dans ce chapitre, nous allons nous attarder sur un certain nombre de situations de la vie et les règles de politesse qui les organisent. Vous pourrez alors comprendre à quel point certaines règles de savoir-vivre ont un impact incroyable sur votre épanouissement personnel et celui des personnes qui vous entourent.

Les salutations

« Dis bonjour à la dame ! » Nous apprenons cela très tôt aux enfants, alors qu'ils ont tout juste la maîtrise du langage. Lorsque vous saluez une personne, vous lui indiquez que vous avez constaté sa présence et qu'elle est digne d'avoir votre attention. Dire bonjour est le premier signe clair de reconnaissance de l'autre. Un jeune enfant qui dit bonjour ne connaît pas la signification de ce mot bien sûr, mais il en pressent la fonction. Les petits, qui sont spontanés, n'ont pas toujours envie de donner de l'attention à une personne qu'ils ne connaissent pas, voire qui leur déplaît. On leur expliquera que « Ce n'est pas poli de ne pas dire bonjour » et qu'ils doivent le faire, que cela leur plaise ou non.

En 1968, le mouvement de contestation de l'ordre social et des mœurs, quelque peu rigides de cette époque, a entraîné pour les enfants la remise en question de l'aspect obligatoire et contraignant des règles de politesse. Certains parents, de bonne volonté et désirant que leur enfant s'épanouisse dans une plus grande liberté, ont estimé qu'on ne devait pas forcer un enfant qui n'avait pas envie de dire bonjour à le faire ; il le ferait plus tard, quand il serait grand et comprendrait. Considérer les enfants comme des personnes à part entière, qui doivent s'épanouir, c'est une très bonne chose et un réel progrès ; il est toutefois primordial de leur faire comprendre très tôt que la politesse est indispensable au bien-être de chacun. La politesse sert à polir les rudesses naturelles des relations humaines et apprendre tout jeune que l'on ne peut pas faire l'économie d'une relation polie est important. L'obligation de dire bonjour ancre chez l'enfant l'idée qu'on doit considérer chaque personne.

La formule complète et qui comprend tout le sens de cette entrée en matière est « Je vous souhaite le bon jour », ce qui signifie, je vous souhaite une bonne journée. Bonjour contient la reconnaissance de la présence de l'autre et aussi la bienveillance à son égard. On le voit, on le reconnaît et on lui souhaite du bien.

Il est plus correct de dire « Bonjour Madame », « Bonjour Monsieur » ou « Bonjour Jules ». Traditionnellement, en France, on ne mentionne pas le nom de famille de la personne saluée. Un simple bonjour peut suffire. Ce qui compte, c'est l'intention et celle-ci est marquée par l'attitude qui accompagne le mot. Il est important de regarder la personne en face, de lui adresser un sourire et un regard bienveillant. C'est le regard qui crée le lien. Un bonjour dit d'un ton sec et en regardant ses chaussures réduit cette parole à une formule qui n'est pas du savoir-vivre. Le sourire et le regard donnent à ces mots tout son sens. Il arrive que notre journée soit assombrie parce que quelqu'un a oublié de nous dire bonjour ou ne nous a pas regardé.

Laure déplore que son collègue avec lequel elle partage son bureau ne lève jamais la tête pour lui dire « bonjour » quand elle arrive le matin : « *Dès que j'arrive, je n'ai qu'une envie, c'est de repartir, j'ai l'impression que je suis transparente et même que je le dérange.* » Elle ajoute qu'elle rêve de travailler dans le bureau d'à côté d'où proviennent des éclats de rire, alors que son bureau est plus spacieux.

Et souvent, heureusement, il arrive que notre journée soit éclairée par le sourire d'une personne.

Marielle, qui a traversé des moments très difficiles au moment du décès de son mari, a pris un jour la décision de sourire et de dire bonjour en portant une véritable attention à chacun. Elle explique que cela l'a aidée à ne pas sombrer : *« À chaque fois que je rencontrais une personne, je m'efforçais de lui sourire. Chaque bonjour que je donnais m'obligeait à me décentrer de ma peine. Ce n'est pas magique mais j'avais le sentiment que cela m'aidait à surmonter mon chagrin car je recevais en retour des regards chaleureux de ma boulangère, de mes collègues et aussi de personnes que je connaissais peu. Ces regards me faisaient du bien, j'avais même le sentiment que sourire aux autres modifiait mon état intérieur au moins pour un temps. » « Souris à la vie et la vie te sourit »* est devenue la devise de Marielle. Cet exemple nous montre qu'une attitude d'ouverture à l'autre crée aussi un bien-être intérieur.

Une formule très courante est « Bonjour, comment allez-vous ? », à laquelle il est conseillé de répondre tout simplement « Bien, et vous ? », quel que soit l'état réel dans lequel chacun se trouve. Ou plus familièrement : « Salut, ça va ? », « Bien, et toi ? ». Dans cette formule, il est clair que la personne qui pose la question n'a pas forcément envie de connaître vos états d'âme et les derniers événements de votre vie. Si vous commencez à répondre de façon plus approfondie qu'un « Oui, et toi ? », cela crée, la plupart du temps, une surprise ou une gêne et provoque une réponse du style : « Excuse-moi, mais là je suis pressé ! » Il est difficile de répondre à la question « Comment allez-vous ? » de façon sincère, et ce, pour plusieurs raisons, soit que le cadre ne s'y prête pas, soit que la relation que l'on a avec la personne ne le facilite pas. Il est vrai aussi que chacun est dans son rôle et que nous n'avons pas obligatoirement envie de nous épancher sur nos problèmes personnels. Nous pouvons également avoir peur de déranger. Donc la réponse dépend beaucoup de la relation entre les personnes et du moment où la question est posée. Ainsi, plus vous êtes proche de la personne, plus vous pourrez être honnête. Si vous ne l'êtes pas, contentez-vous de répondre par l'affirmative.

Malgré le côté superficiel des salutations, faites attention à la personne à laquelle vous vous adressez et prenez le temps d'attendre la réponse au lieu de continuer à marcher ou de tourner la tête. Si vous avez pris le temps de regarder votre interlocuteur, vous pourrez toujours avoir un geste chaleureux ou revenir vers lui plus tard quand le moment s'y prêtera si vous remarquez que votre interlocuteur ne va pas si bien. Quelqu'un peut vous répondre « Oui super ! » et avoir de gros problèmes.

Fabien, ingénieur commercial, se souvient d'un collègue qu'il voyait tous les jours et qui faisait toujours bonne figure en répondant *« Oui, génial ! »*. *« Je voyais bien qu'en fait cela n'allait pas si bien, d'ailleurs il buvait de plus en plus et avait l'air déprimé, mais je n'osais pas lui en parler et faisais semblant de le croire. Toute l'équipe commerciale faisait de même. Un jour, on a appris sa mort, il s'était jeté par la fenêtre. On s'est alors aperçu qu'il faisait face à de grosses difficultés familiales et financières dont on n'avait aucune idée. »*

La discrétion et le respect de l'intimité de l'autre sont importants, mais cela n'empêche pas l'attention. Il n'est pas toujours facile de détecter la détresse, ni même d'aider. Mais regarder réellement une personne à qui vous parlez vous donnera des éléments sur son état moral, et peut-être pourrez-vous tenter de lui parler. Personne n'est obligé de saisir une perche, mais mieux vaut la tendre néanmoins, au cas où…

Petit mémo sur les règles de salutations

1. Il est indispensable de saluer les personnes que vous connaissez et de répondre à toutes les salutations qui vous sont adressées.
2. Vous pouvez dire « Bonjour », tout simplement, ou mieux : « Bonjour Madame / Monsieur / Jean », sans ajouter le nom de famille. Et s'il y a lieu, utilisez le titre de la personne : « Bonjour Docteur / Maître / Monsieur le Président / etc. »
3. Les salutations se font selon les règles de préséances : l'homme salue la femme, le plus jeune salue le plus âgé, le moins gradé salue le plus gradé, l'élève salue son professeur, etc.
4. La forme dépend du degré d'intimité et du lieu (signe de tête, poignée de main, embrassades).
5. Saluez discrètement une personne qui est occupée ou en conversation avec une autre.
6. N'oubliez jamais de lever la tête, de regarder la personne et de lui sourire.

Les présentations

Les présentations, comme pour les salutations, obéissent à des règles précises basées sur la préséance. Cela veut dire qu'elles se font dans un certain ordre de priorité établi selon l'usage. Dans des circonstances habituelles, il suffit de présenter les personnes l'une à l'autre en les nommant. Cependant, selon les occasions, le lieu et les individus, les présentations se font selon un certain protocole qu'il est important de connaître sous peine de vexer des personnes ou de passer pour quelqu'un de mal élevé et peu respectueux. La personne considérée comme la « moins importante » est celle que l'on présente en premier à la personne la « plus importante ». L'importance est déterminée par le même code que celui qui prévaut pour les salutations. Par exemple : « Monsieur le Président, permettez-moi de vous présenter mon collaborateur Monsieur Durand », « Maman, je te présente mon amie Julia ». Ce n'est pas si facile que cela de réussir une présentation formelle. Si vous voulez devenir diplomate, votre carrière peut dépendre d'un exercice en apparence anodin ! Pourquoi l'ordre des préséances est-il si important ? C'est parce qu'il entre dans la logique du code de savoir-vivre qui a aussi pour objectif d'édicter des règles qui permettent à tous ceux qui les respectent d'entrer en relation sans risque. En fixant un cadre, chacun peut se situer et décider ou non d'aller plus loin dans la relation.

Par respect pour la personne à qui vous avez été présenté, il convient de vous lever, de la regarder et de ne pas continuer à manger ou boire. C'est elle qui décidera de vous tendre la main si elle le souhaite. Les personnes en présence échangeront des propos accueillants. Les expressions comme « extrêmement ravi » ou « vraiment enchanté » sont souvent considérées comme excessives, donc pas adaptées.

La plupart du temps, lorsque vous devez vous présenter vous-même, faites-le de façon simple, en regardant votre interlocuteur, en lui souriant, en lui indiquant votre prénom et votre nom et, si possible, une caractéristique : « Jacqueline Dupont, une amie de la mariée », « Pierre, un ami de lycée d'Antoine », « Marie Dupont, je suis votre nouvelle voisine ». Vous présenter ou être présenté est la première prise de contact. C'est une entrée en matière pour pouvoir entamer une conversation. Le fait de donner une indication sur qui vous êtes ou qui est la personne que vous présentez (sa place par rapport à vous, son métier, une œuvre qu'elle a accomplie…) permet au protagoniste mis en présence de se situer par rapport à l'autre et cela favorise les premiers échanges. Si vous devez fréquenter des milieux où le protocole est rigoureux et précis, renseignez-vous sur les règles de mondanité avant de vous rendre à la réception, vous serez plus à l'aise.

N'oubliez pas que l'impression que vous donnez de vous conditionne le désir de l'autre personne d'entrer en contact voire de développer la relation. Il vaut mieux être disponible, souriant, ouvert et accueillant. Le respect des règles de préséance est important mais l'attitude l'est encore plus. Bien vous présenter est important. Cultiver votre capacité à faire connaissance améliorera votre estime de soi et l'image que vous renvoyez.

S'excuser : prendre ses responsabilités

En de nombreuses occasions, vous pouvez déranger (ou être dérangé) par une parole, un geste ou une attitude. La vie en société fait que, même lorsque vous êtes attentif aux autres et bien élevé, vous pouvez blesser quelqu'un moralement voire physiquement en étant maladroit ! Heureusement que vous avez la plupart du temps la possibilité de réparer ou d'adoucir le dérangement ou la blessure dont vous êtes la cause. La réparation du dommage permet de revenir à l'équilibre dans les rapports avec la personne heurtée ou dérangée : l'une s'excuse, l'autre pardonne. Lorsqu'il s'agit d'un dommage matériel, la réparation est plus facile, vous pouvez remplacer l'objet ou donner une somme d'argent. Il est vrai qu'il est plus difficile de le faire si l'objet a une valeur rare ou sentimentale.

Dans beaucoup de cas, le dommage causé n'est pas matériel. Si vous avez marché sur le pied de quelqu'un, si vous l'avez bousculé, si vous êtes passé devant lui, si vous arrivez en retard à un rendez-vous ou encore si vous avez oublié de rendre un service ou d'apporter un objet promis, vous ne pouvez rien donner à la place en guise de dédommagement. Il peut également y avoir des situations où vous blessez moralement une personne par des propos désagréables, vous pouvez élever la voix, oublier de la saluer, ou encore lui couper la parole. Il existe beaucoup de circonstances où nous devons nous excuser. Il nous arrive même de devoir nous excuser par avance de quelque chose qui risque d'arriver (être en retard, ne pas pouvoir venir, passer devant quelqu'un au cinéma pour rejoindre une place assise, par exemple). En fait, la vie collective est remplie de ces frictions qui, lorsqu'elles sont involontaires et pas trop graves, ne prennent pas beaucoup d'importance.

L'excuse a pour fonction de reconnaître votre erreur ou le dérangement que vous auriez préféré éviter. Elle est parfois un acte d'humilité. Accepter que l'on se soit trompé, par exemple, quand on a tenu des propos injustes ou erronés, et s'en excuser auprès de l'autre, met dans une position de demande. On sollicite le pardon de l'autre qui peut alors décider de comprendre et de pardonner. Ainsi chacun est respecté et la relation, de ce fait, peut être rétablie. Celui qui doit s'excuser ne peut le faire lui-même. C'est pourquoi vous ne direz pas « Je m'excuse » mais « Je vous prie de m'excuser » ou « Excusez-moi ». L'essentiel est de manifester votre regret d'avoir causé un souci à votre interlocuteur. Autant il est facile de s'excuser quand on a écrasé les pieds de son voisin dans la foule, autant il peut être difficile de le faire lorsqu'on a blessé quelqu'un par des propos ou des attitudes injustes. Reconnaître que quelqu'un est blessé par notre faute n'est pas toujours facile et, dans ces cas, on aura souvent le réflexe de se défendre et de justifier son attitude et cela par difficulté de confronter une vision peu glorieuse de soi.

Être capable de reconnaître vos erreurs est une attitude noble qui permet aussi de vous remettre en question et de progresser dans vos réflexions et vos comportements. Pardonner l'erreur de l'autre sans triomphalisme et sans insistance est une attitude sage qui conduit à maîtriser votre pulsion de vouloir dominer et d'avoir raison. Il ne faut jamais hésiter à vous excuser, même tardivement, dans les cas où vous n'avez pas mesuré sur le moment le préjudice causé. Cela peut permettre une réconciliation.

Les remerciements

« On peut éprouver une telle joie à faire plaisir à quelqu'un qu'on ait envie de le remercier. »
HENRY DE MONTHERLANT, écrivain

Remercier pour un service rendu, un objet offert, une faveur, un propos bienveillant, une invitation à dîner, est un acte de gratitude. Quoi que vous ayez reçu de positif, il est important de dire « merci ». Ce mot signifie que vous reconnaissez le don qui vous a été fait et, par extension, celui qui vous l'a fait. *« Elle ne me remercie jamais, comme si c'était normal que je lui apporte son café le matin, alors que je ne suis pas obligée de le faire, c'est pour lui faire plaisir »* dit Catherine, en évoquant le geste qu'elle fait quotidiennement vis-à-vis de sa chef de service. Ne pas remercier est révélateur du peu d'intérêt que l'on accorde aux autres et du peu de valeur que l'on donne à ce que l'on reçoit. Les personnes qui se comportent ainsi se révèlent souvent égoïstes et orgueilleuses, comme si elles étaient au-dessus des autres. Penser à remercier pour tout ce que vous recevez de petit ou de grand permet des relations plus agréables et chaleureuses avec les autres. La gratitude élève celui qui la manifeste. Vous rendre compte de tout ce que vous recevez permet de mieux percevoir le positif de la vie et l'attention que vous portent les autres. Recevoir est une chance, vous en rendre compte donne la force d'avancer sereinement. Les personnes capables de remercier sont souvent les plus généreuses. User du « merci » est sans danger, à condition qu'il soit sincère et proportionnel à ce que vous avez reçu.

EXERCICE PRATIQUE

DIRE MERCI !

Faites un exercice très simple. Sur une journée entière, ne vous contentez pas de dire « merci » de manière mécanique. À chaque fois, regardez la personne bien dans les yeux et souriez-lui aussi chaleureusement que possible. À la boulangère, à la caissière d'un magasin, à vos collègues, votre conjoint, à une personne qui vous retient la porte… Nous avons des dizaines d'occasions chaque jour de remercier. Profitez de chacune d'elles pour le faire véritablement. Notez vos impressions : votre journée était-elle meilleure ? Qu'est-ce qui a changé dans vos interactions ? Comment vous sentez-vous ?

La ponctualité

L'heure est un repère indispensable pour vivre et s'organiser ensemble. L'une des composantes les plus importantes pour la construction d'une personne est la maîtrise des notions d'espace-temps. Sinon, il est impossible de trouver des repères et donc de s'insérer dans la société. Ces notions sont plus fragiles qu'on ne l'imagine. Ceux qui ont séjourné plusieurs semaines à l'hôpital, en prison, ou ceux qui sont dans la rue depuis longtemps perdent vite ces notions et perdent pied par voie de conséquence. L'être humain a besoin d'une certaine régularité pour se situer et faire ce qu'il a à faire.

« Être à l'heure est la politesse des rois », dit-on. La ponctualité est liée au respect des autres. Personne n'aime attendre, alors pourquoi faire attendre les autres ? Cela peut être par pédanterie, par peur, ou par laisser-aller. Certains, pour se montrer importants, se font attendre, ainsi cela leur permet de faire une entrée remarquée et de se détacher du lot. Mais ils apparaissent souvent comme des êtres grossiers et mal élevés.

Le film *Cuisine et Dépendances*, de Philippe Muyl, sorti au cinéma en 1992 et adapté de la pièce de théâtre éponyme d'Agnès Jaoui et Jean-Pierre Bacri, est une formidable illustration de la nécessité d'être à l'heure. Dans ce film, Jacques et Martine invitent à dîner deux amis de jeunesse, perdus de vue depuis une dizaine d'années, un journaliste et écrivain et sa femme Charlotte, qui mène une brillante carrière. Parmi les invités figurent également Georges, un ami hébergé par le couple, et Fred, le frère de Martine, accompagné de son amie Marylin. À cause d'un embouteillage, Charlotte et son mari arrivent avec deux heures de retard. Le film est basé sur les discussions des personnages dans la cuisine de l'appartement, tout au long de l'attente de l'arrivée des invités, puis du dîner. Charlotte arrive enfin, en retard, et son mari devrait arriver rapidement, il cherche une place pour se garer.

Georges, dans la cuisine, dit à Jacques : *« Quel mépris ! Deux heures de retard et pour finir un prétexte débile trouvé à la va-vite, même pas foutus d'inventer quelque chose de plausible ! Il n'y a que du mépris là-dedans. » « Qu'est-ce que ça peut me foutre cette excuse sur les embouteillages ? Ils découvrent les embouteillages ? Ça fait quarante ans qu'ils habitent ici, ils pourraient être prévenus maintenant ! À Paris, il y a des embouteillages ! Non, non, tu comprends, être en retard ça fait "riche", et quand on est célèbre comme lui n'en parlons pas, c'est une tradition, c'est quasiment obligatoire. On tarde, on tarde et on apparaît enfin aux yeux du peuple. Alors évidemment, c'est le Monsieur qui passe à la télévision, la belle affaire ! »* Le retard des invités met Georges dans tous ses états, lui qui se définit comme « à cheval » sur la politesse ne supporte pas le manque de respect qu'il suppose aux invités.

Avoir du retard, cela peut arriver à tout le monde.
Mais posez-vous quelques questions si c'est une habitude chez vous !

Certaines personnes sont en retard parce qu'attendre les angoisse. En arrivant en retard, elles sont sûres de ne pas attendre. La ponctualité participe au bon déroulement de toute rencontre, de tout rituel et de toute cérémonie. Lorsque l'on arrive en retard à une réunion de travail, cela perturbe le groupe : les autres attendent généralement un peu pour commencer, cela crée une dispersion lorsque le retardataire entre enfin, et il faut ensuite tout répéter. Au théâtre, c'est encore pire, car cela oblige à déranger des personnes confortablement installées prêtes à profiter du spectacle. Arriver en retard à un dîner contrarie le déroulement prévu par les personnes qui reçoivent : imaginez qu'ils aient préparé un soufflé ! Lorsque vous êtes reçu chez des gens, il est d'usage de laisser une petite marge de dix à quinze minutes, afin de laisser du temps supplémentaire pour les préparatifs du repas, mais pas davantage.

Être ponctuel, c'est respecter le besoin des autres en tenant compte de leurs impératifs. C'est aussi honorer le « contrat » passé avec celui avec lequel vous avez rendez-vous.

EXERCICE PRATIQUE

VOUS ÊTES SOUVENT EN RETARD ?

Si vous êtes systématiquement en retard, il va vous falloir faire un véritable exercice de maîtrise de soi pour changer vos habitudes !

1. Demandez-vous pourquoi : que cherchez-vous à prouver ou à éviter ? Est-ce un manque d'organisation de votre part ? Et si oui, que pouvez-vous faire pour changer cela ? Êtes-vous en retard à tous vos rendez-vous ? Et si ce n'est pas le cas, est-ce avec certaines personnes seulement, par exemple vos amis mais jamais avec vos relations professionnelles ? Avez-vous peur d'arriver en premier

→

et d'attendre ? Voulez-vous prouver que vous êtes une personne d'importance ? Posez-vous toutes ces questions.

2. Essayez ensuite de vous mettre à la place de ceux qui vous attendent et notez ce que vous ressentez. Imaginez votre ami qui vous attend seul devant le cinéma. Ou vos parents qui n'attendent plus que vous pour le déjeuner. Ou encore vos collègues qui sont installés dans la salle de réunion depuis un bon quart d'heure. Sont-ils en colère d'après vous ? Se sentent-ils humiliés ? Est-ce qu'ils s'ennuient ? Ont-ils le sentiment que vous leur manquez de respect ?

À partir de ces deux exercices, mettez en place les stratégies qui conviennent pour remédier à vos retards. Mettez par écrit vos solutions et relisez vos notes régulièrement dans les prochaines semaines. Vous constaterez rapidement les premiers effets positifs : vos amis, votre famille, vos collègues, etc. seront certainement plus chaleureux si vous vous montrez désormais ponctuel !

Les codes vestimentaires : « Fais-toi beau »

Les codes vestimentaires, ou *dress codes*, peuvent paraître contraignants et dépassés. Il fut un temps où les femmes de milieux bourgeois ou aristocratique changeaient de tenues tout au long de la journée. Il y avait la tenue pour le matin, pour le déjeuner, l'après-midi… Dans les classes populaires, on avait les vêtements de tous les jours et ceux du dimanche, utilisés aussi pour les fêtes. Au fil du temps, les codes vestimentaires se sont simplifiés mais n'ont pas pour autant disparu. On ne met pas un costume ou une robe de cocktail pour un barbecue et on ne met pas un jean avec un polo pour une soirée de gala. Il existe bien sûr quelques nuances plus subtiles, que vous pouvez trouver en consultant des guides concernant le sujet.

« L'habit ne fait pas le moine », comme dit l'adage, mais il ne faut pas oublier que c'est par la vue que l'on fait d'abord connaissance et que le premier regard laisse une impression durable. S'habiller selon la circonstance est également une marque de respect pour les hôtes qui souhaitent donner une ambiance à leur réception, petite ou grande, et vouloir absolument se différencier peut déranger l'harmonie que souhaitent réaliser ceux qui reçoivent. Un autre aspect du code vestimentaire est qu'il protège la personne. Par exemple, le cadre de banque ou l'agent commercial, lorsqu'il s'habille avec « l'uniforme » costume-cravate, endosse un rôle. Sa personne propre est protégée par l'habit. Il s'expose moins en ne dévoilant pas trop sa personnalité par ses choix vestimentaires. À l'école, l'uniforme ou le tablier sont des vecteurs d'égalité et d'appartenance. L'élève ne peut se distinguer par sa richesse ou son statut social, ce qui crée moins de rivalités et contribue à l'esprit de groupe. Dans certaines écoles britanniques, l'écolier porte même sur son blazer un écusson qui signale son appartenance à une école (comme dans les films *Harry Potter*).

Connaître le *dress code* libère de la préoccupation du choix du vêtement. Il suffit de respecter des consignes simples. De nos jours, pour les occasions exceptionnelles, il est possible de louer smokings, robes du soir et autres tenues parfois très chères… Les codes dictés par la mode sont à mon sens plus aliénants que ceux qu'imposent les règles traditionnelles ou conventionnelles.

Dans son livre *L'Art de la simplicité*, Dominique Loreau explique d'ailleurs qu'« être bien habillé apporte la paix intérieure et la considération. Quand nous habillons notre corps de concert avec notre âme, nous ressentons immédiatement une certaine harmonie. Nos vêtements peuvent être aussi bien des amis que des ennemis ; ils ont le pouvoir de nous mettre en valeur, de nous protéger, ou au contraire, de donner une fausse image de nous. Ils ont même le pouvoir magique de changer notre comportement ».

Même avant 20 ans, il est bon de savoir s'habiller pour des occasions (un oral, un entretien...) : cela permet de laisser une bonne impression et d'avoir davantage confiance en soi !

Le film *Cuisine et Dépendances*, de Philippe Muyl, que j'ai évoqué pour vous montrer l'importance de la ponctualité, est également éloquent pour expliquer l'importance des vêtements. Martine, en parlant de Marylin à Charlotte : « Est-ce que tu as observé le numéro permanent de cette fille ? Une vraie pouffiasse, mais écoute Charlotte, on n'a pas idée de s'habiller comme ça ! (Même toi à l'époque.) Cette jupe à ras-le-bonbon ! À chaque fois qu'elle se baisse il y a un blanc dans la conversation, c'est pas normal ! Elle se coiffe et se décoiffe astucieusement toutes les cinq secondes, elle parle avec une voix d'enfant, elle rit comme une hystérique à chaque fois qu'elle comprend quelque chose… C'est écœurant ce cinéma… » Martine ne supporte pas que Marylin, l'amie de son frère, attire autant l'attention sur elle : elle pense qu'elle manque de discrétion et qu'elle cherche à attirer l'attention sur elle. En dehors de la jalousie que l'on peut supposer chez Martine, il est évident que c'est le manque de délicatesse et de savoir-vivre de Marylin qui fait flamber son hôtesse. Elle qui accueille et organise le dîner en tant que maîtresse de maison se voit voler la vedette par l'une des invités, qui plus est par le biais d'un style vestimentaire provocateur et d'une attitude aguicheuse.

LE SAVOIR-ÊTRE AVEC SON CORPS ET SON APPARENCE

Le témoignage de Christine, 70 ans, professeur à la retraite

« Il y a de cela quelques années, je travaillais comme professeur et directrice adjointe dans un lycée. Quel bonheur c'était de travailler avec des jeunes où les échanges incessants sont parfois une remise en cause de nos idées d'adultes et où il faut savoir l'accepter et écouter leurs points de vue. Souvent ces jeunes avaient le sentiment que rien "n'était grave" et que l'on pouvait tout dire au personnel administratif ou à un professeur. C'est pour cela que j'ai consacré beaucoup de temps à les faire réfléchir sur leur comportement ou leur communication et les conséquences qu'ils entraînaient.

Mes journées commençaient tôt et chaque matin, pour aller de mon bureau au bâtiment administratif, je devais traverser un jardin et un long couloir. À chaque élève que je croisais je disais bonjour. Ce bonjour répété me paraissait absolument nécessaire pour leur souhaiter la réussite de leur journée et leur dire que nous étions là pour eux. Tous me répondaient avec des bonjours étonnés, intrigués, ironiques et parfois joyeux. J'avais réussi à les sortir de leur mutisme matinal et à les faire rentrer dans leur vie étudiante.

Avec mes élèves, leur apporter des connaissances était pour moi la base de mon travail, mais ce que je souhaitais également leur transmettre était les rites et les comportements indispensables pour réussir un oral d'examen, un entretien de stage ou d'embauche pour un contrat d'apprentissage. Pour cela, dès que les dates d'examens approchaient, je frappais fort et j'annonçais en classe : "Pour les oraux les garçons devront s'habiller en costume-cravate et les filles en tailleur noir." La contestation était violente et immédiate : "Mais Madame, c'est impossible, ces vêtements sont trop chers, ils sont ridicules en plus." Puis je rentrais dans la négociation en réduisant légèrement mes exigences vestimentaires. Chacun d'eux finissait par prendre conscience que pour aborder un examen et le réussir, il ne suffisait pas seulement de travailler ses cours mais aussi de se présenter sous son meilleur aspect et donc apprendre le savoir-être avec son corps et son apparence.

S'instaurait généralement un dialogue intense dans mon bureau où défilaient de nombreux élèves, me demandant des conseils sur leurs vêtements, leurs études, mais aussi sur leur comportement. Je leur disais que, face aux examinateurs, ils avaient une chance incroyable de valoriser leur personnalité de faire valoir leurs qualités et surtout d'être authentiques. Un climat de confiance s'installait et je partageais aussi leurs difficultés familiales.

Le jour J des oraux, après l'accueil des jurys, je passais dans les couloirs où commençait pour eux l'attente de l'heure de convocation. Et là, quel bonheur, tous se précipitaient pour bien me faire remarquer leur élégance et la qualité de leur préparation.

Pour certains jeunes, la politesse, le respect, n'ont pas fait partie de leur apprentissage familial et trop vite les adultes leur reprochent ces comportements trop laxistes. Quel que soit leur milieu d'origine, je n'ai jamais rencontré un jeune formellement opposé aux règles requises pour réussir un oral ou un entretien d'embauche.

Pour ces jeunes, quel que soit le niveau de leur baccalauréat, je faisais également venir des conférenciers de haut niveau comme Jacques Attali, des hommes et des femmes politiques et, à chaque fois, c'était le même étonnement, les mêmes réticences : comment parler, poser des questions à toutes ces personnalités médiatiques ? Avec les professeurs d'économie, nous démarrions alors un long travail commun de réflexion sur un thème donné. De la réticence, nous étions passés à la motivation. Par ce travail, ils avaient acquis la confiance, amélioré leur vocabulaire, leur savoir-être, et même les titulaires d'un baccalauréat professionnel osaient prendre la parole et débattre.

Au final, pour tous ces jeunes issus de milieux tellement différents, l'objectif de cette pédagogie était de leur donner l'espoir qu'ils allaient trouver leur place dans la société et que leur vie professionnelle n'était pas vouée au chômage, ce que l'on entend trop fréquemment. Aujourd'hui encore, après de longues années, je les croise et tous me rappellent ces moments exceptionnels où ils devaient se plier à un code, une discipline qui leur avait permis de franchir à la fois les épreuves des examens et les portes de la vie professionnelle. »

À table !

Les moments de convivialité, notamment les repas, sont codifiés. Le repas auquel on est convié se présente comme une cérémonie. Les premiers groupes humains se retrouvaient pour partager le fruit de leur cueillette ou le produit de la chasse, certainement assis en cercle autour du feu. Il existait peut-être déjà un ordre de préséance selon la place de l'individu dans le groupe. D'ailleurs, dans toutes les sociétés dites primitives, les meilleurs morceaux sont souvent attribués à des personnes spécifiques (le chef, le chasseur, le sage, etc.). Dans nos sociétés modernes, il n'est nul besoin d'aller chasser pour se procurer de la nourriture, et la plupart du temps, il suffit de pousser un chariot. Le repas est l'occasion de rassembler tous les membres de la famille pour partager les mets et aussi les événements de la journée. Les contrats sont souvent discutés et signés au cours des fameux « déjeuners d'affaires », une tradition française un peu moins prisée de nos jours, aussi bien pour des raisons économiques que pour garder la ligne.

Qu'il s'agisse d'invitations autour d'un déjeuner, d'un dîner, buffet, brunch, cocktail, dîner de gala, apéritif, etc., ces événements sont codifiés et décrits avec précision dans les traités de savoir-vivre. On juge souvent l'éducation d'une personne par sa manière de recevoir ou de se tenir à table. L'hôte et l'invité sont des partenaires de ce rituel. La cérémonie se déroule bien et tout le monde est satisfait si les codes ont été bien respectés. Le rituel de la réception se déroule en plusieurs étapes qui vont de l'invitation aux remerciements.

Le rôle de l'hôte

Traditionnellement, l'hôte est la maîtresse de maison, mais la société évolue et c'est parfois l'homme dans le couple qui initie et organise l'événement, ou les deux à la fois. Si votre repas est plus festif, moins formel, les tâches ne seront pas tout à fait similaires, mais voici le déroulement classique du cérémonial :

- Les hôtes lancent les invitations suffisamment à l'avance pour que les personnes invitées puissent s'organiser.
- Ils veillent par leur choix à la cohérence du groupe que formeront les invités.
- Ils prévoient le menu et l'adaptent à la circonstance et aux personnes invitées.
- Ils organisent le plan de table selon un ordre classique et codifié et en tenant compte, dans la mesure du possible, des affinités. Il est important dans un dîner que chacun se sente à l'aise et considéré.
- Ils mettent la table, placent les assiettes, les verres et les couverts selon des règles précises que l'on peut trouver dans tous les guides de savoir-vivre. La dimension esthétique est ici non négligeable et participe avec d'autres éléments à l'harmonie de l'ensemble. Une belle table met en valeur le plus simple des repas.

Le plan de table

Voici quelques règles concernant le placement des invités. Sachez toutefois que si vous organisez un dîner avec des amis proches, il peut être délicat d'imposer un plan de table et les invités se placent souvent au gré de leurs affinités ou au hasard.

☞ **Le plan classique :** l'invité homme le « plus important » (le plus titré, gradé ou célèbre) ou le plus âgé doit être placé à la droite de l'hôtesse. De la même manière, le maître de maison place à sa droite la femme la « plus importante » ou la plus âgée. Une personne invitée pour la première fois est honorée en passant avant ceux qui sont déjà venus, elle bénéficie en général de la deuxième « place d'honneur », à gauche des hôtes. Les personnes plus jeunes ou « moins importantes » sont situées en bout de table.

☞ **Selon les affinités :** il s'agit de fluidifier les échanges entre les invités et de faciliter la conversation. Pour ce faire, l'hôtesse place chacun à côté d'un voisin susceptible de partager avec lui centres d'intérêt, goûts communs... Attention ! Deux personnes qui se connaissent trop bien risqueraient de rester entre elles et de laisser peu de place à l'échange avec les autres invités. Deux timides risquent d'être embarrassés et donc de s'ennuyer. Dans la mesure du possible, l'usage veut qu'on alterne les hommes et les femmes, et qu'on sépare les couples sauf s'ils sont de jeunes mariés.

Si vous faites le service vous-même, votre place doit vous permettre de circuler facilement sans déranger les invités. Votre voisin ne doit pas se sentir délaissé lorsque vous êtes occupé, prévoyez donc de placer à côté de lui une personne pas trop timide et avec qui il pourra facilement échanger lors de vos absences.

Le rôle des invités

L'invité, de son côté, devra répondre à l'invitation en temps et en heure, et viendra toujours avec un cadeau (fleurs, chocolats, livre…) en rapport avec le type de réception et ses relations avec son hôte. Il serait incongru d'apporter un gros bouquet de fleurs pour une invitation à prendre le café. L'invité sera habillé en fonction du lieu et de la circonstance (une tenue jean-baskets ne serait pas appropriée pour aller à un cocktail !). Lorsqu'il s'agit d'une réception où les invités sont nombreux, il vaut mieux envoyer les fleurs avant pour ne pas contraindre la maîtresse de maison à s'occuper de mettre des fleurs dans un vase alors qu'elle est débordée.

Quelques règles de bonne conduite

Après l'apéritif, les hôtes invitent les convives à passer à table et ceux-ci s'installent en respectant une certaine tenue. On s'assoit sur sa chaise, le dos droit, en laissant un espace entre son buste et la table, ce qui oblige à lever son bras pour manger : c'est la fourchette qui va à la bouche et non la bouche à la fourchette. Cette règle de maintien est l'une des plus importantes à table. Ne posez rien sur la table : ni sac, ni lunettes, ni téléphone. Se tenir droit est plus élégant, et cela fait que vous dérangez moins vos voisins que si vous êtes affalé sur la table. Cela permet aussi de mieux voir l'ensemble de la table et de vous tourner plus facilement vers vos voisins. Une bonne posture à table a donc pour conséquence une meilleure participation au rituel de table. Traditionnellement, la maîtresse de maison est aussi maîtresse de cérémonie. Il est très impoli de commencer à manger avant elle. Faites également attention à manger au même rythme que les autres et de ne pas finir votre assiette bien avant tout le monde. À l'inverse, il n'est pas correct de traîner et de faire attendre les autres. En effet, une autre règle veut que l'on attende que tous aient terminé leur assiette pour passer au plat suivant. Le repas est un moment convivial et le partage n'est possible que si chacun est attentif à son entourage. L'hôtesse et/ou l'hôte doivent veiller au confort de leurs invités et à ce qu'ils ne manquent de rien. Ils doivent aussi conduire la conversation.

À table, le ton doit rester enjoué, léger. Certains sujets ne doivent pas être abordés : on ne parle ni de politique, ni de religion, ni de ses problèmes de santé ! Ce n'est pas le moment d'entamer des sujets polémiques, intimes, ou excluant des personnes présentes. Par exemple, trois convives qui parleraient de leur partie de golf de la semaine passée face à deux autres qui n'y jouent pas, excluraient ceux-ci de la conversation. On peut aborder des sujets plus intellectuels, à condition de pouvoir les rendre à la portée de tous. Le but n'est pas de briller mais d'échanger dans le respect des autres. Enfin, la maîtresse de maison clôt le repas en se levant la première. Les invités se lèvent et posent leur serviette sur la table.

Une réception est réussie quand chacun repart heureux du moment qu'il a passé. On retrouve dans ce rituel tout ce qui contribue au savoir-vivre : le respect des autres, l'écoute et l'harmonie créée par la combinaison des mets, de la table, de la bonne tenue des convives, du charme de la conversation. Paradoxalement, le pire n'est pas, à mon avis, que le repas soit brûlé, mais que les convives soient sans gêne et irrespectueux. Bien que ces moments soient consensuels, ils restent des instants tournés vers le plaisir et l'esthétique. Les codes servent à cadrer le mieux possible les dérapages. Les respecter fait que l'on est en même temps créateur et récepteur de l'équilibre créé par une situation harmonieuse. Ces codes peuvent paraître rigides mais ils sont en fait logiques et faciles à appliquer si vous savez être attentif aux autres. Ils sont bien sûr modulables en partie selon les rapports plus ou moins intimes des personnes entre elles. Cependant, ce n'est pas parce que vous êtes proches ou en famille qu'il faut tout se permettre, cela pourrait devenir source de discordes et de fâcheries. Certaines personnes se vexent d'être « moins bien traitées » parce que plus intimes, comme le confiait un jour cette personne : *« Avec ses nouveaux amis, elle met les petits plats dans les grands, alors qu'avec moi, c'est toujours à la bonne franquette ! Elle ne se gêne pas, comme si je valais moins qu'eux ! »*

Range ton portable !

Les progrès techniques de notre siècle posent de nouvelles questions quant aux règles de politesse. Les formidables moyens technologiques qui facilitent notre vie nous permettent de communiquer très facilement. Cependant, ils nécessitent la vigilance et la mesure des utilisateurs que nous sommes.

Dans le film *Carnage*, de Roman Polanski, sorti au cinéma en 2011 et inspiré de la pièce de théâtre *Le Dieu du carnage* de Yasmina Reza, deux couples new-yorkais, les Longstreet et les Cowan, se rencontrent suite à une bagarre entre leurs deux enfants. Tout se déroule dans l'appartement des Longstreet, parents de l'enfant « victime » de la bagarre. Ce film nous montre dans les détails toutes les discussions, alliances, coalitions et luttes de pouvoir que cet épisode occasionne entre les deux couples, mais aussi pour chacun des partenaires à l'intérieur de son propre couple. Au beau milieu de la discussion avec les Longstreet, Alan Cowan reçoit un coup de téléphone sur son portable. Il s'excuse et décroche malgré un geste de sa femme qui tend la main vers lui pour l'en dissuader. Il s'agit d'un appel provenant d'un collègue de travail d'Alan au sujet d'une affaire en cours (Alan est avocat). Cet appel, qui durera quasiment une minute, met les autres personnages dans l'embarras, en particulier la femme d'Alan. Tous se mettent en retrait, restant silencieux et regardant par terre, attendant qu'Alan raccroche, et s'adressant

Rien de plus désagréable que de déjeuner avec un ami qui passe son temps les yeux rivés sur son téléphone !

quelques sourires nerveux. Celui-ci est tellement absorbé par sa conversation qu'il en vient à s'asseoir pendant quelques secondes sur le meuble d'entrée de ses hôtes, sans même le remarquer, et ignore complètement les regards appuyés de sa femme. Il n'essaye pas le moins du monde d'abréger la conversation et considère comme normal que les autres l'attendent et restent silencieux pour ne pas le gêner dans sa communication. Cette scène se répétera plusieurs fois dans le film et fait état d'un manque de respect et d'une grossièreté sans état d'âme de la part du personnage d'Alan vis-à-vis de sa femme et de ses hôtes. Finalement, après avoir bu quelques verres, sa femme noiera le téléphone de son mari dans un vase rempli d'eau, l'obligeant ainsi à mettre un terme à son manque de savoir-vivre.

L'utilisation de nouveaux modes de communication amène à se questionner sur la place du savoir-vivre dans le numérique. Au cours du siècle dernier, la télévision a pris de plus en plus de place au sein de la vie familiale, à tel point qu'elle était devenue le centre du foyer à la place de la cheminée. La télévision a permis à beaucoup de personnes de s'ouvrir sur le monde et d'accéder à de nouvelles distractions. Cependant, lorsqu'elle prend toute la place, le bénéfice devient discutable. La télévision a rempli des fonctions pour lesquelles elle n'était pas prévue, notamment celle de baby-sitter. Nombre de parents mettent leurs enfants devant les dessins animés matin et soir et pendant les moments libres pour avoir la paix. L'abus de ce mode de garde produit des enfants dépendants. Certains n'arrivent à se calmer et à rester tranquilles que devant un écran. Une jeune maman d'un enfant de 2 ans confie que celui-ci n'accepte de manger qu'à condition que ce soit devant la télévision. Elle précise que sinon il crie et refuse d'ouvrir la bouche. Elle ajoute qu'elle préfère céder que de se battre tous les soirs car elle rentre tard et ne veut pas de conflits.

Aujourd'hui, les tablettes et smartphones ont pris aussi le relais comme garde d'enfants. Il est fréquent de voir se dérouler la scène suivante : des couples de parents conversent tandis que leurs enfants jouent sur les smartphones ou des tablettes, ainsi les enfants sont sages et les parents profitent de leurs amis. On peut noter au passage que le fameux « enfant roi » de notre époque n'est pas si « roi » que cela. Sous prétexte que les enfants ont le nez plongé dans leur portable, absorbés par un jeu, les parents se permettent d'avoir des conversations que leurs oreilles ne devraient pas entendre. J'ai assisté un soir, dans une brasserie parisienne, à une scène assez courante : il était 22 heures, un couple était en train de dîner avec un ami de passage qui parlait de son divorce, manifestement conflictuel. Leur petit garçon d'environ 8 ans était assis à côté d'eux et jouait sur une tablette. De temps en temps, il interrompait la conversation des adultes pour demander un conseil de stratégie concernant son jeu. J'étais à la table d'à côté et entendais malgré moi les propos des dîneurs et notamment ceux de l'ami qui faisait part à ses interlocuteurs de ses griefs vis-à-vis de sa future ex-femme, elle aussi amie de la famille. Il était donc impossible que le petit garçon, même plongé dans son jeu, n'entende pas. J'ai trouvé que ce n'était pas juste d'infliger à cet enfant une telle conversation. Il était en même temps exclu mais présent, obligé d'entendre des choses qui, non seulement ne le concernaient pas, mais pouvaient aussi générer de l'incompréhension et de l'anxiété.

La télévision a migré dans les cafés retransmettant clips et matchs de football. La communication bruyante autour de « grandes messes » telles que les matchs de football peut générer des échanges et beaucoup de convivialité. Cela peut faire penser aux personnes qui se retrouvaient il y a environ soixante-dix ans chez le seul possesseur de télévision du village pour regarder ensemble un film ou un événement assez exceptionnel. À l'inverse, la télévision mise en fond sonore et qui diffuse des clips capte l'attention des personnes et peut nuire à la communication de deux amis en train de boire un verre. Cela peut aussi meubler les silences entre deux personnes qui n'ont pas grand-chose à se dire… La musique mise fort dans les cafés ou dans les magasins est un véritable obstacle à la conversation et oblige chacun à élever la voix. Tout le monde crie, parle en même temps et personne ne s'entend.

DANS LA SALLE D'ATTENTE DU MÉDECIN

Le témoignage de Gilbert, 54 ans, pédiatre à Nancy

“ Pédiatre depuis de nombreuses années, je constate que les comportements des enfants et de leurs parents dans ma salle d'attente ont évolué d'une façon regrettable. La salle d'attente est à présent un véritable chantier. À la fin de la journée, le tapis est couvert de miettes de biscuits, tous les jouets sont étalés par terre, obstruant même l'entrée de la pièce, ce qui implique que toute personne qui entre doit repérer les obstacles et les contourner – ce qui est très gênant car je suis associé avec un kinésithérapeute dont les patients ont parfois du mal à marcher. Les magazines et les livres mis à la disposition des enfants sont déchiquetés. Les enfants courent et crient dans le couloir et parfois même tapent sur les murs. Ce qui m'étonne le plus, c'est l'attitude de certains parents. Il ne leur vient même pas à l'idée de ranger ou d'apprendre à leurs enfants à le faire, comme si le dérangement causé aux autres par le bruit et le désordre n'avait pour eux aucune importance. J'ai le sentiment qu'ils ont oublié la plus élémentaire des règles de politesse qui est de respecter l'espace et le bien-être d'autrui. Ils ne peuvent donc pas le transmettre à leurs enfants. Quand je leur en parle, ils se justifient en disant : “Que voulez-vous que je fasse ? Il ne m'écoute pas.” Je les vois aussi beaucoup en train de téléphoner ou de consulter leurs SMS pendant que leur enfant essaye d'attirer leur attention. Depuis quelques années, je vois de plus en plus d'enfants qui ont du mal à se concentrer, et des parents débordés et fatigués. À mon avis, le fait d'avoir perdu de vue la nécessité de faire respecter les règles pour contenir les débordements des enfants, donc de les éduquer, est cause de beaucoup de souffrance dans la vie quotidienne.

Le smartphone a introduit une autre habitude, celle de l'avoir en permanence à la main, des fois qu'on louperait un message ou une information de la plus haute importance. C'est une distraction permanente. Il est impoli de garder son téléphone portable à la main ou sur la table au cours d'un déjeuner. Tout le monde n'est pas médecin urgentiste, pompier, ou dépanneur ! Il y a quelque temps, un jeune homme m'expliquait que pour lui le téléphone était juste un objet que l'on garde à la main sans le consulter vraiment. À cela, j'ai répondu qu'il s'agissait d'un objet de communication et que tout regard porté vers le téléphone, alors que l'on est en conversation avec une ou plusieurs personnes, sous-entend que l'on est aussi en train de communiquer avec quelqu'un ou quelque chose d'extérieur à la circonstance présente, ce qui est très désagréable pour les interlocuteurs. Une autre attitude répandue consiste à interrompre la conversation pour chercher la réponse sur Internet à la moindre question. À mon sens, cela coupe la spontanéité et la dynamique de la discussion. Efficace peut-être, convivial pas toujours !

Beaucoup de personnes expérimentent chaque jour le désagrément causé par les sonneries et les conversations téléphoniques de leurs voisins au restaurant, dans le train et autres lieux. Ces comportements sont contraires à la règle de savoir-vivre qui veut que l'on soit discret et que l'on respecte l'espace de son voisin. À ce propos, on peut noter que des dispositions ont été mises en place dans certains lieux, notamment dans les TGV où le contrôleur passe parmi les passagers pour leur demander de mettre le téléphone sur vibreur et d'aller téléphoner sur les plateformes afin de respecter la tranquillité des autres usagers.

Les écouteurs sont une invention formidable qui permet à chacun d'écouter de la musique où qu'il se trouve. Il faudrait juste penser à les ôter lorsque l'on parle à quelqu'un. Dans la rue, beaucoup de personnes se déplacent tout en regardant leur téléphone pour lire les SMS, envoyer des messages et même pour trouver leur chemin, bousculant ainsi quelques piétons sur leur passage. Regardez devant vous quand vous marchez !

Facebook et les autres réseaux sociaux sont de très bons moyens pour rester en contact ou d'étendre son réseau de relations. Cette facilité fait aussi l'objet d'abus, par exemple on y poste des photos qu'on n'enverrait jamais par un autre moyen. Qui enverrait par la Poste à ses amis la dernière photo de lui le montrant avec une bouteille à la main, à moitié déshabillé, ou l'échographie de son bébé ! La simplicité que permet ce moyen entraîne aussi des grossièretés et abus de langage. Chacun se permet également de diffuser des opinions plus ou moins intéressantes, voire violentes, sur toutes sortes de sujets, notamment politiques, sous le coup de l'émotion, sans prendre le temps de réfléchir ni de se documenter. Qu'en est-il alors des règles de discrétion, de respect de soi et des autres ?

Je laisse à votre sagacité le soin de faire la liste de tout ce que les nouveaux moyens de communication permettent de dérives possibles quant aux codes de savoir-vivre. Le monde évolue et tout est toujours à inventer.

EXERCICE PRATIQUE

VOUS AVEZ DU MAL À VOUS PASSER DE VOTRE TÉLÉPHONE ?

Cet exercice vous concerne si vous avez du mal à passer un déjeuner sans vérifier deux ou trois fois votre téléphone portable.

1. Déterminez pourquoi. Qu'est-ce qui vous angoisse à l'idée de ne pas savoir de suite qu'une personne vous a envoyé un message, a tenté de vous appeler ou vous a envoyé un SMS ? Est-ce si grave de le savoir au bout d'une heure ? Avez-vous le sentiment de réussir à profiter du moment présent lorsque vous consultez votre téléphone lors d'un rendez-vous ?

2. Mettez-vous à la place de l'autre. Que ressentiriez-vous si vous déjeuniez avec un ami que vous n'avez pas vu depuis longtemps et qu'il passe plusieurs minutes au téléphone ? Ne serait-ce pas gênant et désagréable ? N'auriez-vous pas l'impression que ce déjeuner était plus important à vos yeux qu'il ne l'était pour votre ami ?

3. Le week-end prochain, une journée où vous n'avez aucune obligation professionnelle et où vous comptez juste rester en famille, laissez votre téléphone portable lorsque vous sortez vous balader quelques heures. Profitez du moment... et savourez d'être véritablement présent pour vos proches.

Chapitre 7

LES LIMITES DU SAVOIR-VIVRE

On peut avoir étudié les codes de savoir-vivre avec beaucoup d'attention et connaître sur le bout des doigts les règles de politesse, on peut aussi être capable de s'adapter à tous les milieux et savoir ce qu'il faut faire en toutes circonstances tout en étant un individu peu recommandable. Si l'application des règles n'est pas soutenue par des valeurs humaines réelles, le savoir-vivre devient juste un moyen d'obtenir ce que l'on veut ou un moyen de domination sur ceux qui n'en maîtrisent pas les codes.

Les règles de politesse sans les valeurs

Dans le film de Cédric Klaplisch, *Un air de famille*, sorti au cinéma en 1996 et adapté de la pièce éponyme d'Agnès Jaoui et Jean-Pierre Bacri, nous assistons à une réunion de famille dans un café, entre Philippe, Betty et Henri (frères et sœurs), leur mère, et Yolande, la femme de Philippe. La famille attend l'arrivée d'Arlette, la femme d'Henri, dans le café tenu par ce dernier, avant d'aller au restaurant. Un autre personnage est présent, le garçon de café, Denis, employé d'Henri. Cette soirée ne se passera pas comme prévu, car on apprend qu'Arlette ne viendra pas, ayant décidé de quitter son mari. La tension entre les personnages est présente dès le début et ne fera que monter crescendo, mettant en lumière leurs relations et les griefs de chacun.

Betty et sa mère discutent sur les événements de la soirée. Alors que Betty emploie plusieurs mots grossiers, sa mère la reprend, lui disant qu'en tant que femme elle ne devrait pas s'exprimer ainsi, que c'est incorrect de sa part. Betty rétorque alors que depuis le début de la soirée de nombreuses choses se sont produites qui sont plus choquantes que son vocabulaire puis dit : « On peut être extrêmement grossier sans dire un seul gros mot. » Elle condamne alors l'attitude de sa mère, qui ne s'est intéressée pendant le dîner qu'à Philippe, alors qu'Henri était triste (sa femme venant de le quitter), et qui parle de façon très sèche au garçon de café, l'envoyant paître à chacune de ses interventions. Elle condamne aussi le comportement de son frère Philippe qui est arrogant, centré sur lui-même et désagréable avec sa femme en public. Betty donne dans cette séquence sa définition du savoir-vivre et de la délicatesse, qui selon elle passent en priorité par l'attention accordée aux gens plutôt que par les mots, même grossiers, et finit par dire que dans leur famille, les chiens sont mieux traités que les personnes.

Dans la vie de tous les jours et dans des réceptions mondaines, il est fréquent de voir ce genre de personnes. En apparence polies, elles sont pourtant hautaines et pas sympathiques. Léa, une jeune femme que j'ai rencontrée il y a peu, m'a raconté ce comportement qu'elle a constaté à de maintes reprises.

Léa n'approuve pas l'attitude de certaines de ses amies qui se prétendent être des modèles de bonne éducation et qui, au cours des dîners et autres occasions, prennent un malin plaisir à relever les fautes des autres et à en « débriefer » entre elles. C'est une sorte de passe-temps qui leur permet de se sentir supérieures. Elles s'amusent des erreurs des autres avec beaucoup de condescendance si ceux-ci n'ont pas pris la bonne fourchette ou utilisé la bonne formule de politesse.

Dans cet exemple, cette attitude révèle non seulement un manque de bienveillance à l'égard des autres, mais aussi un sentiment de supériorité basé sur une appartenance de classe. Au-delà, on note dans ces comportements l'absence de qualités telles que l'humilité, la générosité et l'élégance d'esprit ainsi que de valeurs comme le respect de l'autre et la discrétion. Il arrive que des personnes qui ont acquis les codes récemment soient plus féroces à juger les autres : cela peut révéler une fragilité quant à son sentiment d'appartenance et une peur de l'exclusion. L'expression « vouloir être plus royaliste que le roi » illustre bien à mon avis ce cas de figure.

Les règles mal comprises

Il peut être difficile d'appliquer avec justesse des règles dont on ne comprend pas toujours le fondement. Si vous ne devez retenir qu'une seule chose sur le savoir-vivre, rappelez-vous que celui-ci est basé sur la nécessité de s'entendre, c'est-à-dire de respecter un juste équilibre des relations selon les circonstances. Peut-être n'utiliserez-vous pas toujours la bonne formule, cela arrive, mais essayez à tout prix de **respecter l'équilibre** en faisant attention à l'autre et aux circonstances.

Parfois, en voulant trop bien faire, on en fait trop. Il est important de remercier. Mais le faire de façon exagérée par rapport au service rendu ou à la chose donnée est inadapté car cela peut mettre la personne qui reçoit les remerciements, sous forme de parole ou de cadeau, mal à l'aise. Une suite de propos comme « ce moment était extraordinaire, vous nous avez vraiment gâtés, c'est le meilleur champagne que j'ai jamais bu… » dite à la fin d'une réception, est déplacée, surtout quand les autres invités attendent leur tour pour prendre congé. Se confondre en excuses alors que l'offense est bénigne, met aussi l'autre dans une situation peu agréable. « Je suis vraiment désolé, je ne sais comment je pourrais réparer, je tiens absolument à vous dédommager… », si vous avez juste cassé un verre sans grande valeur, est disproportionné, surtout si on insiste alors que l'autre personne vous a déjà excusé en disant « ce n'est pas grave ». Apporter un cadeau de grande valeur pour un dîner simple ou un gros bouquet de fleurs pour un apéritif ne se fait pas car cela rompt l'équilibre. Donner et recevoir sont des actions basées sur un principe d'équité. Rendre une invitation est un signe de politesse qui signifie que l'on accepte la relation. Cependant, là aussi, il est important de respecter l'équilibre : sortir la vaisselle d'apparat alors que vous avez été reçu de façon très simple est décalé et fait preuve d'un manque d'attention et de considération pour ce que peut ressentir l'autre. On peut avoir envie de faire plaisir ou d'honorer en se comportant ainsi mais cela peut être pris pour de l'orgueil ou une volonté de montrer sa supériorité. Il est nécessaire de faire preuve de subtilité et de se rappeler que la règle est au service de l'entente et de la bienveillance et qu'elle doit toujours être appliquée avec discernement. Les repères sont l'équité, l'équilibre et la discrétion.

Quand l'ignorance des règles exclut

Ne pas connaître les codes du savoir-vivre conduit à l'exclusion du groupe. On peut être exclu par les autres mais surtout se sentir à part, dans une incompréhension totale de ce qui nous entoure. Lorsque l'on arrive dans un pays étranger dont on ne connaît ni la langue ni les usages, on se sent complètement perdu. Dans le film *Lost in Translation*, Sofia Coppola nous présente un personnage qui perd totalement ses repères en arrivant au Japon : cette jeune femme est littéralement désorientée à cause de son incapacité à comprendre les mots et les comportements qui l'environnent ; elle se sent complètement dépassée et perdue. Face à un tel état, on peut réagir de différentes manières : apprendre à décoder, se replier, ou rejeter ce que l'on ne comprend pas.

LES CODES DU SAVOIR-VIVRE NE SONT PAS LES MÊMES PARTOUT

Le témoignage de Jean-Loup, 60 ans, chef d'entreprise à Paris

« Le savoir-vivre peut être perçu de deux façons différentes. La première est positive lorsqu'on y voit le témoignage du sens de la convivialité et du respect de la part de ceux qui en respectent ses règles ; la seconde est négative lorsqu'elle est perçue comme le paroxysme de l'hypocrisie. Si le savoir-vivre a pour objet de d'abord faire plaisir aux autres, en réalité, ce qui est bien pour eux nous sera, en retour, également bénéfique.

Les règles de savoir-vivre ne sont pas universelles. Elles varient dans l'espace et dans le temps. L'absence d'universalité est patente dans les contacts que nous avons lorsque nous sommes à l'étranger. Le respect de certaines règles de base est indispensable pour instaurer un climat de confiance qui rassure nos interlocuteurs étrangers. C'est en les respectant que l'on témoigne de l'importance à son interlocuteur, car le message que l'on émet est le suivant : vous êtes quelqu'un d'important pour moi, et compte tenu de l'intérêt que je vous porte et que je porte à nos relations futures, j'ai fait l'effort de chercher à mieux vous connaître avant même de vous rencontrer ; j'ai cherché à savoir ce qui est important pour vous, ce que vous aimez, quelles sont vos traditions, quelle est votre culture ; il a fallu que je fasse l'effort d'apprendre ces codes, que je les comprenne et que je les traduise dans la pratique de certaines règles qui sont différentes des miennes ou qui peuvent aller à l'encontre de mes propres règles.

On peut donc dire que la connaissance des règles de savoir-vivre est un préalable essentiel à toute communication. Elles ne sont pas suffisantes mais conditionnent le fait que nous soyons acceptés ultérieurement. Les exemples en la matière sont nombreux :

la ponctualité est d'or aux États-Unis. Vous l'apprenez vite à vos dépens lorsque vous êtes convié à une soirée caritative à 18 heures, et que vous arrivez nonchalamment vers 19 heures, comme vous le feriez en France pour ne surtout pas être parmi les premiers, et que vous devez traverser seul une salle comble pour gagner votre table sous les yeux réprobateurs de l'assistance. Grand moment de solitude assuré. **L'importance des couleurs en Chine :** privilégiez le rouge (porte-bonheur) et bannissez le blanc (deuil). Tous ces codes de bonne conduite, ces règles de savoir-vivre nous permettent de vivre ensemble et de former une même communauté.

En revanche, lorsque l'on évoque le savoir-vivre, ce n'est pas parce que l'on respecte ces règles que l'on adopte une attitude hypocrite sous prétexte qu'on ne veut pas gêner son interlocuteur avec nos propres problèmes. En fait, il s'agit simplement d'un acte de politesse qui demande effectivement souvent des efforts pour se dépasser dans certaines circonstances qui nous sont peu favorables. C'est justement cet effort qui fait la "grandeur" de l'acte. Quel intérêt y aurait-il sinon ? Et encore de quels efforts parle-t-on ? Il s'agit simplement de principes de bonne éducation et de marquer du respect pour l'autre. ”

Dans le film *La Haine*, de Mathieu Kassovitz, nous voyons une scène dans laquelle les protagonistes (trois jeunes hommes vivant dans une cité en banlieue parisienne), déambulent dans la nuit à Paris et entrent dans une galerie pendant un vernissage… Ils se mettent devant le buffet et se servent de cacahuètes sans vergogne. L'un d'eux se moque du serveur qui propose les coupes de champagne sur un plateau en le regardant avec défi et lui disant « Merci Charles ! », en prenant un ton faussement snob. Les trois garçons vont ensuite s'asseoir par terre, gênant le passage, après avoir pris une bouteille de champagne pour eux. Ils sont attirés par deux jeunes filles et l'un d'eux entreprend la conversation avec l'une d'elles et lui dit que son ami est timide et qu'il aimerait bien la connaître. Ce dernier se dirige alors vers la jeune femme et lui demande de but en blanc son numéro de téléphone et lui dit qu'il la trouve « bonne ». Celle-ci, un peu surprise, lui dit qu'elle pensait qu'il voulait discuter. Ce à quoi il répond : *« Discuter de quoi ? »* L'autre jeune femme lui dit alors : *« On veut bien parler avec vous, mais vous êtes agressifs, comment vous voulez qu'on vous respecte ? »* et le ton monte et ils deviennent encore plus agressifs et se font mettre dehors. Ce qu'on voit dans cette scène, c'est que la communication ne peut pas s'établir en raison d'un comportement totalement inadapté à la vie sociale normale.

QUAND ON N'A PAS LES CODES, TOUT PARAÎT COMPLIQUÉ
Le témoignage de Marie, 47 ans, avocate à Montpellier

Je suis arrivée du Sénégal à l'âge de 10 ans et je ne parlais pas encore très bien le français. Jusque-là j'avais passé le plus clair de mon temps à jouer dans la rue en toute liberté quand je n'allais pas à l'école. Je vivais dans une grande maison dans une région chaude. Je me suis souvenue longtemps avec nostalgie du marchand qui passait avec sa carriole pleine de fruits et légumes. À cette époque, j'étais une bonne élève, j'aimais beaucoup l'école et j'avais pour amis tous les enfants du quartier.

Mon père, dans l'optique de nous permettre de faire une bonne scolarité, a décidé un jour que toute la famille irait s'établir en France en région parisienne. Nous étions onze enfants et aucun de nous n'avait été prévenu que nous étions en France pour y rester. J'ai ressenti un grand choc à mon arrivée en apprenant que je ne retournerai plus dans ma maison et que je ne reverrai plus mes copines. Tout m'était étranger. C'était en février, il faisait très froid, le ciel était gris et les rues étaient désertes. Nous habitions dans un petit appartement où nous dormions à quatre dans une petite chambre. Un mois plus tard, je me suis retrouvée à l'école du quartier complètement perdue. J'ai trouvé la cour de récréation minuscule. Les jeux des enfants étaient très différents de ceux que je connaissais et je ne comprenais pas ce qu'ils disaient. Je me suis sentie très triste et très seule, ne comprenant rien au monde qui m'entourait. Par la suite, je me suis rendu compte que les usages et les codes appliqués en France étaient étrangers à ma famille. Chez nous, la tenue à table avait peu d'importance, les notions de placement des couverts, de coudes à table et autres règles habituelles pour la plupart des gens n'avaient pas cours. Nous n'avions aucune notion de quelle était notre place et de la juste distance que nous devions avoir vis-à-vis des autres. Les apprentissages concernant l'hygiène et les codes vestimentaires étaient quasiment inexistants. Nous étions livrés à nous-mêmes, partageant les mêmes vêtements et objets du quotidien, y compris les brosses à dents et serviettes, mais sous la coupe de parents très autoritaires ne communiquant que pour donner des ordres.

Plus tard, après mes études, quand j'ai débuté ma carrière d'avocate et que j'ai commencé à avoir une vie sociale, tout m'a paru compliqué et mystérieux. J'ai compris et appris par observation et agi par mimétisme. Cependant, beaucoup de subtilités m'ont échappé et m'échappent encore. Je me suis documentée à partir de livres concernant les codes et le savoir-vivre et j'ai fait de mon mieux pour les mettre en pratique. La première fois que j'ai été invitée à une réception dans le contexte professionnel, je me suis sentie extrêmement mal à l'aise. Je ne savais ni comment me présenter, ni comment présenter quelqu'un : ainsi j'ai présenté le bâtonnier à mon assistante. J'ai su plus tard que c'était une erreur grossière par rapport aux codes et aux règles de préséance. Mais j'ai senti tout de suite que j'avais commis une bévue à cause du regard condescendant qui m'a été jeté par le bâtonnier lui-même. Je me suis sentie honteuse.

Une autre fois, j'ai malencontreusement fait tomber un petit four par terre et je me suis empressée de le ramasser comme une petite fille prise en faute. J'ai eu l'impression, peut-être à tort, que le regard du serveur était méprisant. Au restaurant, j'ai eu longtemps pour habitude de tendre mon assiette au serveur pour l'aider à débarrasser, je finissais toujours mon pain avant l'arrivée du plat, etc. Enfin, beaucoup de choses qui sont évidentes à ceux qui maîtrisent les codes et qui étaient un vrai casse-tête pour moi. Dans ma compréhension des relations à l'époque, il me semblait que ne pas ramasser ce qu'on avait fait tomber ou ne pas faciliter la tâche du serveur étaient un manque de considération pour l'autre. Cette méconnaissance a été à l'origine pour moi en de nombreuses occasions de grandes tensions intérieures et d'un complexe d'infériorité. J'avais le sentiment que mon incompréhension des codes et de ce qui les fondait était un obstacle pour accéder à certaines fonctions et être admise dans certains milieux. J'ai longtemps attribué mes difficultés de développement professionnel à des différences fondées sur ma personne et à ma méconnaissance des codes. Depuis, je me suis rendu compte qu'il n'était pas si difficile de se sentir à l'aise dans toutes les circonstances : il suffit de comprendre les principes de base qui donnent toute leur cohérence aux codes.

Les codes de la politesse sont un langage à part entière et, lorsque l'on ne les maîtrise, cela limite la compréhension du monde dans lequel on est obligé de vivre. Comment peut-on exister et s'exprimer de façon positive dans un monde dont le sens nous échappe ? Plusieurs disciplines des sciences humaines, comme l'anthropologie, l'ethnologie et la sociologie, ont pour objet l'étude des codes et des rites qui structurent l'humanité. C'est dire à quel point ceux-ci sont incontournables. Ne pas arriver à trouver sa place dans la société peut mettre, selon la personnalité de chacun, dans un état de déprime ou de colère, l'un n'excluant d'ailleurs pas l'autre.

Ce serait un cadeau pour les enfants de leur enseigner des codes de savoir-vivre à l'école, ce qui peut se faire de façon très ludique à travers des jeux de rôles et des saynètes. Si votre famille ne vous a pas transmis ces règles, il n'est jamais trop tard pour vous améliorer !

Comment améliorer sa maîtrise des codes du savoir-vivre

Appliquez les quelques conseils de ce livre, notamment :

☞ **Soyez authentique et attentif aux autres.** Développez de belles qualités (l'humilité, la générosité, l'empathie...) et soyez sincère et bienveillant dans toutes vos relations.

☞ **Rappelez-vous que le savoir-vivre permet de conserver l'équilibre dans une relation.** Vous faire pardonner si vous avez bousculé une personne, offrir un cadeau en arrivant à une réception (en adéquation avec celle-ci), vous habiller selon les circonstances pour respecter vos hôtes, etc., voici autant de règles qu'il est bon de respecter pour maintenir ce juste équilibre.

Si vous appliquez ces quelques conseils généraux, vous aurez fait le plus important et cela devrait suffire pour améliorer considérablement vos relations. Si vous devez intégrer un milieu plus fortuné ou plus cultivé, où les règles de savoir-vivre ont une importance forte, n'hésitez pas par ailleurs à vous procurer quelques manuels de savoir-vivre, il en existe une multitude en librairie. Si malgré vos réels efforts, une personne est méprisante envers vous parce que vous ne maîtrisez pas tous les codes, dites-vous que cette personne est loin d'être bienveillante et bien élevée, contrairement à ce qu'elle pense : passez votre chemin et ne la fréquentez pas.

CONCLUSION

« L'essentiel n'est pas de vivre
mais de bien vivre. »
PLATON, *Criton*

Le savoir-vivre, au lieu d'enfermer, libère. Chaque occasion de mettre en œuvre une règle de politesse peut être transformée en opportunité pour développer ces qualités humaines que sont l'empathie et le respect. Vivre ensemble devient alors un plaisir et une chance en donnant à chacun la possibilité de créer et de se réaliser, d'être heureux et de pouvoir être utile aux autres. Le fait d'accepter le sens et l'intérêt des codes est un vrai moyen d'élévation de soi par la tenue physique et mentale, la maîtrise de ses comportements et l'intérêt porté aux autres et à son environnement. Nous devenons ce que nous faisons et une véritable estime de soi naît de la capacité à se respecter soi-même, qui rend plus aisé la réussite de toute entreprise personnelle ou professionnelle.

Nous ne sommes pas pour autant des êtres parfaits et il est normal de faire des erreurs parfois. L'essentiel est d'essayer avec bonne volonté et de faire du mieux que vous le pouvez, sans porter de jugement sur ceux pour lesquels c'est moins facile. La vie est un jeu et tout jeu a ses règles. Maîtriser les codes est une porte ouverte sur la liberté d'agir, libéré de la préoccupation de devoir réinventer le cadre à chaque instant. Je laisse le mot de la fin à Érasme, humaniste de la Renaissance et auteur notamment du traité *La Civilité puérile*, dont de nombreux conseils s'appliquent aussi bien pour les enfants que pour les adultes :

> « La règle la plus importante du savoir-vivre est, aussi irréprochable qu'on soit, d'excuser toujours les manquements de tes camarades et de chérir autant que les autres celui qui manque de soin et de tenue. Beaucoup de gens compensent la rudesse de leurs manières par d'autres qualités, et il n'est pas nécessaire de suivre à la lettre les règles que nous venons de transcrire pour être un honnête homme. Et si l'un de tes amis pêche contre elles par ignorance, si cela en vaut la peine, prends-le à l'écart et avertis-le avec douceur. »

BIBLIOGRAPHIE

Henri Bergson, *La Politesse*, Payot & Rivages, 2008.

Baldassare Castiglione, *Le Livre du coutisan*, Flammarion, « GF », 1999.

Sabine Denuelle, *Le Petit Larousse du savoir-vivre*, Larousse, 2016.

Catherine Dupin, **Laurence Dupin**, *Le Nouveau Savoir-vivre malin*, Leduc.s Éditions, 2014.

Érasme, *Traité de civilité puérile*, Éditions Mille et une nuits, 2001.

Erving Goffman, *La Mise en scène de la vie quotidienne*, Les Éditions de Minuit, 1973.

Dominique Picard, *Politesse, savoir-vivre et relations sociales*, PUF, « Que sais-je ? », 2014.

Paul Watzlawick, **Janet Helmick Beavin**, **Don D. Jackson**, *Une logique de la communication*, Le Seuil, « Points Essais », 2014.

Donald W. Winnicott, *Processus de maturation chez l'enfant*, Payot & Rivages, 1989.

– *L'Enfant et sa famille*, Payot & Rivages, 2002.

REMERCIEMENTS

Merci à Alex, Christine, Johanna, Jean-Loup, Marie, Marie-Catherine, Sandra et les autres pour leurs témoignages.

Merci à Billie pour sa participation active à la recherche et la réflexion, à Soraya pour l'aide logistique.

Merci à Pascale Senk et à toute l'équipe des éditions Leduc.s, Karine, Liza, Hélène, Joanne, pour leur accompagnement dynamique.

TABLE DES MATIÈRES

Achevé d'imprimer en septembre 2016
sur les presses de la Nouvelle Imprimerie Laballery - 58500 Clamecy
Dépôt légal : octobre 2016 - N° d'impression : 609274 - *Imprimé en France*

La Nouvelle Imprimerie Laballery est titulaire de la marque Imprim'Vert®